가장 쉬운
챗봇
자동화마케팅

365일 24시간 자동으로 운영되는
세일즈 시스템을 구축하라

김종민 지음

가장 쉬운
챗봇 자동화 마케팅

365일 24시간 자동으로 운영되는
세일즈 시스템을 구축하라

초판 1쇄 발행 2024년 6월 24일
초판 2쇄 발행 2024년 7월 15일

지은이 김종민
펴낸이 황준연
펴낸곳 작가의집
출판사등록 24.2.8(제2024-9호)
주 소 제주도 제주시 화삼북로 136, 102-1004
전 화 010-7651-0117
이메일 huang1234@naver.com

값 : 17,000원
ISBN 979-11-986902-1-0(13000)
https://class.authorshouse.net

- 작가의집은 독자 여러분의 소중한 원고를 기다리고 있습니다.
  책을 쓰고 싶거나, 원고가 있다면 huang1234@naver.com 으로 보내주세요.
- 본 책은 저작자의 지적 재산으로서 무단 전재와 복제를 금합니다.

가장 쉬운 챗봇 자동화 마케팅

자동화를 몰라도	마켓팅을 몰라도	챗봇을 몰라도

무조건! 바로! 사용 가능한 자동화 마케팅

| 365일 24시간 자동으로 운영되는 세일즈 시스템을 구축하라 |

김종민 지음

- 365일 24시간 수익 창출
- 330만원의 강의를 한 권의 책에
- 초보자도 몇 분만에 자동화 마케팅 구현 가능

작가의집
Authors House

― 프롤로그 ―

실제로 330만 원을 받고
5주 동안 강의했던 그 로직

당신이 버는 돈을 날마다 조금씩 늘리는 최고의 방법은 날마다 주소록(DB)을 강화할 새로운 방법을 찾아내고 거기에 집중하는 것이다.
<마케팅설계자>

대부분의 사람들이 SNS 광고나 홍보를 통해서 DB를 수집한다. 하지만 광고비는 광고비대로 들어가고, 광고효과도 그렇게 크지 않은 경우가 많다. 문제는 DB 수집도 어렵지만, 관리는 더욱 어렵다.

흔히 DB 관리는 다음과 같이 한다.

고객의 DB를 받고, 선물을 보내주고, 강의 링크를 보내주고, 후기 선물을 보내주고, 결제 링크를 보내야 한다. 심지어 어떨 때는 강의 준비는 하지도 못한 채 이런 잡무를 하고 있을 때가 있다. 그럴 때마다 누군가가 이것을 대신해 줄 수 없을까 고민했다. 그런데 이 모든 것을 해결할 수 있는 방법이 있다. 바로 랜드봇이다.

랜드봇으로 할 수 있는 일은 많지만, 대표적으로 아래와 같이 사용한다.

잠재 고객 DB 수집
강의 신청 및 응대
후기 수집 및 응대
영업 및 결제

심지어 365일 24시간 일한다.

미국의 대표적 컨설턴트이자 인기 강사인 댄 케네디는 말했다.

"궁극적으로 보면, 고객을 확보하는 데 비용을 가장 많이 지출하는 기업이 이긴다."

고객 확보에 그리고 고객 관리에 가장 많은 돈과 시간을 들인 기업이 결국 이긴다. 하지만 우리의 돈과 시간은 한정적이다. 아무리 돈으로 해결하려고 하고, 심지어 내 시간을 갈아 넣어서 고객 관리를 하려고 해도, 결국 돈과 시간은 부족하다. 그렇기 때문에 랜드봇을 사용해야만 한다.

내가 확실하게 약속할 수 있는 것은 여기서 알려주는 랜드봇 로직이 나뿐만 아니라 수많은 사람들에게 효과가 있었다는 사실이다. 그리고 여러분에게도 반드시 그럴 것이다.

여러분이 이 책이 구입했다는 것은 자동화 툴이 필요하고, 또 나를 신뢰하기 때문이라고 생각한다. 먼저 고맙다고 말하고 싶다.

이 책의 내용은 실제로 330만 원을 받고 5주 동안 강의했던 내용을 그대로 담았다. 즉 이 책 한 권으로 여러분은 330만 원의 강의를 들을 수 있다. 그리고 그대로 여러분의 사업에 적용할 수 있다. 짧게는 몇 시간 만에 결과를 얻을 것이다.

한국에는 아직 랜드봇에 대한 책이 없다. 또 아무리 검색을 해도 랜드봇에 대해 자세히 배우기는 힘들다. 하지만 이 책만 있다면, 앞으로 다른 강의를 듣거나, 다른 책은 읽을 필요가 없다. 그 정도로 내 영혼을 갈아 넣어서 책을 썼다. 아마 몇 년이 지나도, 이 책은 여러분의 사업에 큰 도움이 될 것이다.

이 책은 총 4부로 나뉜다.

1부에서는 랜드봇이 왜 필요한지를 다뤘다. 현재도 내가 하는 랜드봇 기초 그리고 심화 강의에 많은 사람들이 강의를 신청한다. 그만큼 많은 사람들이 필요성을 느끼고 있다. 여러분도 1부를 통해 그 필요성을 절감했으면 한다.

2부에서는 랜드봇 가입부터 실제 로직까지, 구체적인 방법을 알려줄 예정이다. 실행하는 것은 몇 분이면 가능할 정도로 쉽다. 하지만 평생 써먹을 수 있는 로직을 배우게 될 것이다.

3부에서는 실제 내가 사업에서 활용하고 있는 고급 로직들을 알려줄 것이다. 마찬가지로 한번 설정만 해놓으면 평생 사용할 수 있다. 아마 2부와 3부와 읽더라도, 이 책의 가치는 충분하다고 자부한다.

4부에서는 랜드봇을 좀 더 전문적으로 활용하는 방법에 대해서 알려줄 것이다.

랜드봇은 어렵지 않다. 아주 쉽다. 하지만 분명 평생의 무기가 될 것이라고 확신한다.

책을 읽고도 이해가 잘되지 않는 부분은, 책의 QR코드를 통해서, 좀 더 자세한 글과 사진, 그리고 영상을 통해서 도움을 줄 것이다. 그럼에도 도움이 필요하다면, 개인적으로 연락해도 좋다.

이제 몇 시간 안에, 여러분은 랜드봇 마스터가 될 것이다. 평생의 무기가 생길 것이다. 여러분의 성공을 빈다.

차례

프롤로그　　　　　　　　　　　　　　　　　　　04

제1부

랜드봇을 써야 하는 이유

1-1 시간을 벌고 싶다면, 랜드봇을 사용하라　　16

1-2 DB가 돈이다　　19

1-3 365일 24시간 영업하는 랜드봇　　21

1-4 자동화는 개인화다　　23

제2부

랜드봇 A to Z (가입부터 - 고급 기술까지)

2-1 랜드봇 가입하기   28

2-2 숨 쉬는 것만큼 쉬운, 랜드봇 로직 짜기   32

2-3 하나만 만들면 그다음은 편하다, 랜드봇 복제하기   49

2-4 랜드봇의 변신은 무죄 (랜드봇 이쁘게 디자인하기)   52

2-5 고수만 아는 랜드봇 고급 기술   58

2-6 또 오셨군요? 단골 고객 알아보기   65

제3부

랜드봇으로 나만의 비서 만들기

3-1 DB 수집 비서   82

3-2 강의신청 비서   88

3-3 선물발송 비서   94

3-4 랜드봇의 꽃! 영업 비서   101

3-5 결제도 알아서?! 결제비서   110

3-6 힌트 비서   111
3-7 달력 비서   117
3-8 컬러 비서   124
3-9 이동 비서   126

제4부

랜드봇 고수에게 꼭 필요한 4가지

4-1 하이퍼링크 (글자에 링크 걸기)   130
4-2 랜드봇으로 홈페이지 만들기   132
4-3 정보 활용 동의   133
4-4 랜드봇 해고하기   134

에필로그 136
Special Thanks 140

제1장

랜드봇을 써야 하는 이유

누가 이런 걸
대신 해 줄 수 없을까?

1-1 시간을 벌고 싶다면, 랜드봇을 사용하라

시간관리 전문가가 있었다. 대기업 회장이 어떻게 시간을 쓰는지 그리고 어떻게 하면 효율적으로 시간을 사용할 수 있는지 조사했다. 그런데 놀랍게도 결과는 뜻밖이었다.

"중요하지 않은 일을 더 많이 하고, 정작 중요한 일은 거의 하지 않으시네요."

충격을 받은 회장은 다시 해보라고 했지만, 결과는 마찬가지였다.

내가 이 이야기를 듣고 충격받은 이유는, 나 역시 비슷하지 않을까 라는 생각이 들었기 때문이다. 학원을 운영하는 지금도, 또 많은 사람들에게 강의를 하는 지금의 나도 비슷할 때가 있었다. 정말 하고 싶고 또 해야 할 것은 학원에서 아이들을 가르치는 일이지만, 출납부, 학생 출결관리, 상담 전화, 회비 안내 등등 잡무가 많았다.

강의도 마찬가지였다. 강의만 준비하기에도 시간이 부족했지만, 설문지 작성, 강의 링크 전송, DB 수집, 후기 선물 전송 등등. 어떤 날은 강의하기도 전에 진이 빠진 날이 있을 정도였다. 그렇다고 하지 않을 수도 없다.

"누가 이런 걸 대신해 줄 수 없을까?"

직접 하자니 시간이 부족하고, 사람을 뽑자니 돈이 들어간다. 인건비를 아끼려고 직접 해보니, 제대로 된 강의 준비가 어렵다. 강의 횟수가 많아질수록, 오히려 더 많은 시간을 잡무에 낭비하고 있었다. 그러다 우연히 랜드봇이라는 자동화 챗봇을 알게 되었다.

'누군가 해줬으면 좋겠다.'고 생각했던, 모든 잡무를 대신 해주었다. 심지어 세일즈까지 나보다 더 잘했다. 그리고 365일 24시간 일한다.

랜드봇이 DB 수집도 해주고, 강의 신청도 받아주고, 선물도 자동으로 발송해 준다. 심지어 결제도 자동으로 해준다. 그전에는 하나하나 모두 신경 써서 했고, 심지어 그러더라도 놓치는 부분이 생겨서, 난감했던 적이 한두 번이 아니었다.

하지만 랜드봇을 쓴 이후 그런 일은 거의 없었다. 그렇다고 랜드봇이 그렇게 비싼 것도 아니다. 몇백 원의 시급으로, 수십 배의 효율을 자랑한다. 무엇보다 랜드봇은 DB 수집에 최적화되어 있다.

 어떤 날은 단 하루 만에 100건이 넘는 DB를 모으기도 했다. 만약 내가 했다면, 엄청난 시간이 걸렸을 수도 있지만, 랜드봇 덕분에 모든 것이 자동으로 가능했다.

1-2 DB가 돈이다.

　DB란 데이터 베이스라는 뜻이다. 고객 DB란 고객의 정보가 들어있는 데이터라고 생각하면 된다. 이 DB의 가치는 개당 5~20만 원을 호가할 정도로 비싸다. 심지어 예전에는 연회비를 받고, 고객 DB를 정기적으로 보내주는 서비스도 있었다고 한다. 왜 DB가 돈이 될까? 바로 마케팅에서 DB가 필수적이기 때문이다.

　잠재 고객이 타겟 고객이 되고, 타겟 고객이 구매 고객이 되고, 또 구매 고객이 단골이 되어 재구매 고객이 되도록 하는 것이 바로 마케팅이라고 할 수 있다. 이 마케팅의 핵심이 바로 고객 DB다. 고객 DB가 많을수록 유리하다. 그래서 사람들이 돈을 주고서라도 고객 DB를 구매한다.

　당신이 버는 돈을 날마다 조금씩 늘리는 최고의 방법은 날마다 주소록 (DB)을 강화할 새로운 방법을 찾아내고 거기에 집중하는 것이다. <마케팅설계자>

　프롤로그에서 말했듯이, 돈을 벌기 위해서는 DB를 수집하고, 관리해야 한다. 즉 고객을 관리해야 한다. 하지만 DB를 수집하는 것도 또 관리하는 것도 쉽지 않다. 돈이 많이 들거나, 시간이 많이 필요하다. 하지만 이 모든 것을 해결해 줄 수 있는 것이 있으니, 바로 랜드봇이다. 심지어 365일 24시간 DB를 수집하고 관리한다.

고객 DB는 기업에게 많은 가치를 제공한다. 고객 DB를 통해 기업은 고객들의 선호도, 구매 이력, 행동 패턴 등을 분석할 수 있다. 이를 통해 기업은 고객들마다 맞춤형 마케팅 전략을 수립할 수 있다. 이는 고객들의 만족도를 높이고 매출을 높이는 데 도움이 된다.

또한, 고객 DB를 통해 고객들과의 소통을 강화할 수 있다. 개인별로 맞춤형 정보나 프로모션을 제공함으로써 고객들과의 관계를 유지하고 신뢰를 쌓을 수 있다. 이는 장기적인 고객 유지 및 충성도 증대에 도움이 된다.

이러한 이유로 고객 DB는 기업에게 매우 중요하며, 이를 효과적으로 활용함으로써 기업은 경쟁력을 강화하고 성공적인 마케팅 전략을 수립할 수 있다. 따라서 고객 DB는 돈을 벌기 위한 중요한 자산이 된다.

1-3   365일 24시간 영업하는 랜드봇

20년 넘게 천안에서 영·수 학원을 운영하고 있다. 원생 모집은 늘 어렵다. 전단지도 엄청나게 돌려봤다. 아마 월 100만 원씩은 썼을 것이다. 하지만 원생 모집은 잘되지 않았다. 아는 지인은 전단지만 1억 원을 넘게 돌렸지만, 단 1명의 신규 회원도 얻지 못했다는 충격적인 이야기도 했다.

학원을 운영하기 위해서, 망하지 않기 위해서, 정말 많은 교육을 들었다. 그러다 우연히 자동화 마케팅에 관한 강의를 듣게 되었다.

"자동으로 원생을 모아주고, 심지어 결제까지 알아서 해준다."

믿을 수가 없었다. 하지만 1년 넘게 자동화 마케팅에 관한 강의를 들으며 깨달았다.

"이건 반드시 해야 한다."

그것이 바로 랜드봇이었다. 현재 학원에서도 랜드봇을 적극 활용한다. 예전에는 바쁜 와중에도 어떻게든 시간을 내서 원생 모집을 했다.

원생 모집에 성공하면 다행이지만, 실패하면 마음이 무너졌다. 강의를 준비하기에도 시간이 빠듯했지만, 모객을 하지 않으면 안 되기에, 마케팅도 꾸준하게 했다. 그러나 결과는 그다지 좋지 않았다. 하지만 지금은 다르다.

내가 강의하고 있을 때에도, 내가 자고 있을 때에도, 심지어 책을 쓰고 있는 지금도 랜드봇은 학원 영업을 알아서 해주고 있다. 그것도 사람들마다 각각 다른 방식과 효율적인 방식으로 학원을 홍보하고, 상담 약속을 잡는다.

예전에는 앵무새처럼 똑같은 것을 반복해서 일일이 학부모님들에게 말해야 했다. 지치기도 하고 힘들었다. 수업 중에는 일일이 대응하지 못해서 마음이 답답했다. 하지만 요새는 랜드봇 링크를 보내면 끝이다. 심지어 바로 결제가 되는 경우가 많다. 왜냐하면 내 전용 비서, 그러니까 랜드봇이 영업을 이미 거의 다 해놓은 상태인 경우가 많기 때문이다.

내 마케팅은 랜드봇을 만나기 이전과 이후로 나뉜다.

1-4 자동화는 개인화다.

예전에 한 단체에서, 실제로 상담이 필요한 환자들을 대상으로 AI로 상담을 진행했다고 한다. 회의적인 시선이 많았다. 하지만 대부분의 사람들이 AI 인지도 몰랐다고 할 정도로 상담 수준이 뛰어났다. 이미 10년도 넘은 이야기고, AI는 계속해서 발전하고 있다. 기업이 사용하는 AI 챗봇 중 대표적인 것이 바로 랜드봇이다.

"김종민님, 강의를 신청해주셔서 감사합니다."

최근 강의 신청을 한 적이 있다. 놀랍게도 내 이름을 불러주는 것이 아닌가? 그리고 내가 하는 행동에 따라서 다른 반응을 했다. 놀라운 것은 그다음이었다.

"김종민님, 또 오셨군요. 환영합니다."

랜드봇은 나를 기억하고 있었다. 나의 데이터를 자동으로 수집하고, 자동화된 서비스를 제공한다. 그것도 신속하고 빠르게. 랜드봇의 장점은 이렇게 개인화가 가능하다는 것이다.

마케팅에 실패하는 대부분의 이유는 모든 고객들에게 획일적으로 마케팅하기 때문이라고 한다. 하지만 랜드봇은 고객 친화적이다. 고객의 행동 패턴을 파악하고 개인화된 서비스를 제공한다. 분명 AI가 한다는 것은 알지만, 마치 사람이 하는 것 같다. 내가 원하는 시간이라면 저녁이나, 밤이나, 심지어 새벽이라도 상담이 가능하다. 고객 입장에서도 이렇게 장점이 많지만, 사용자가 되면 더 많은 장점이 생긴다.

내가 해야 할 잡무들을 모두 외주로 맡긴다고 생각해 보라. 그것도 말도 안 되는 가격에 말이다. 랜드봇이 가장 잘하는 일이 바로 자동화다. 내가 하는 일을 자동화하고 싶다면, 반드시 랜드봇을 사용해야 한다.

자동화와 모객을 위해서 대부분 비싼 홈페이지를 제작하려고 한다. 한 지인은 직접 홈페이지를 만들려고 했다가, 결국 포기하고 수천만 원의 홈페이지를 만들었다. 그런데 지금은 그냥 방치 상태다. 기능을 넣을 때마다 돈이 들고, 매달 관리비까지 든다. 그리고 개발자와 소통도 잘되지 않는다. 비싼 돈을 들였지만, 무용지물이 되었다. 실제로 이런 경우가 비일비재하다.

하지만 랜드봇은 나에게 딱 맞는 챗봇을 쉽게 만들 수 있다. 만약에 왕초보라면 이 책 하나면 거의 모든 로직을 구성할 수 있을 정도로 간단하고 쉽다. 실제로 배운 지 몇 시간 만에, 모객을 하거나, 세일즈를 통해서 수익을 올리는 경우도 많이 봤다. 그들은 말한다.

"랜드봇이 아니었다면 못했을 거예요."

랜드봇은 노동력과 시간을 아껴준다. 내가 집중해야 할 일에 집중하게 해준다. 내가 중요한 일에 집중할수록, 성과는 날 수밖에 없다. 이제부터 본격적으로 랜드봇을 만들어보자. 내 전용 비서를 만들어보자. 여러분도 삶도, 나처럼 랜드봇을 만나기 이전과 이후로 나뉠 것이다.

제2장

랜드봇
A to Z

가입부터 — 고급 기술까지

2-1 랜드봇 가입하기

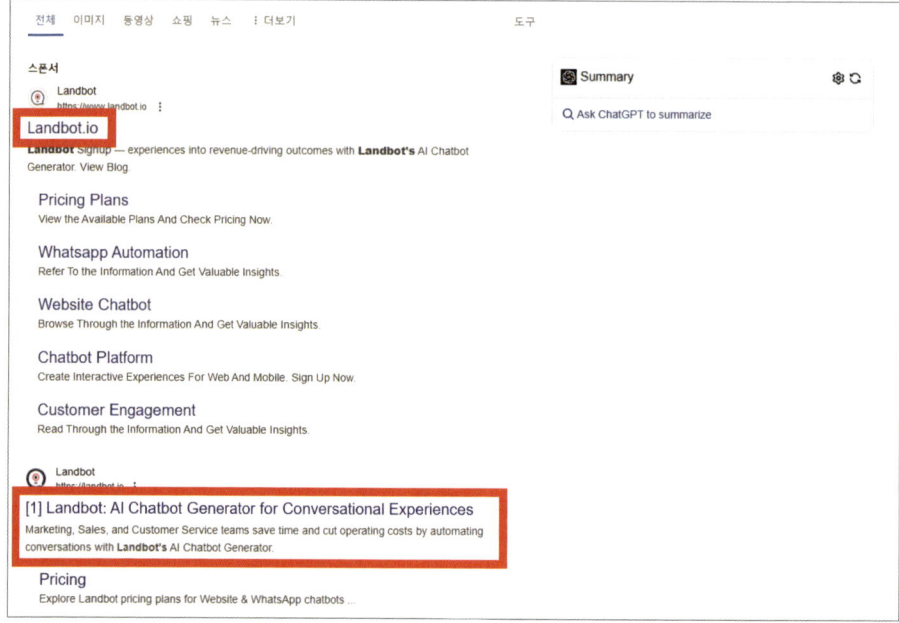

구글에서 landbot 검색(스마트폰보다는 PC에서 검색)

랜드봇 바로 연결하기

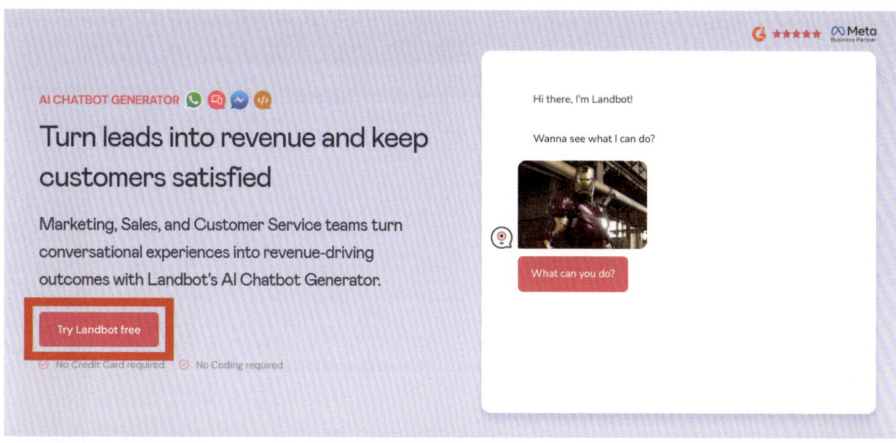

구글로 로그인 클릭

구글 이메일 주소 입력 후 비밀번호 입력

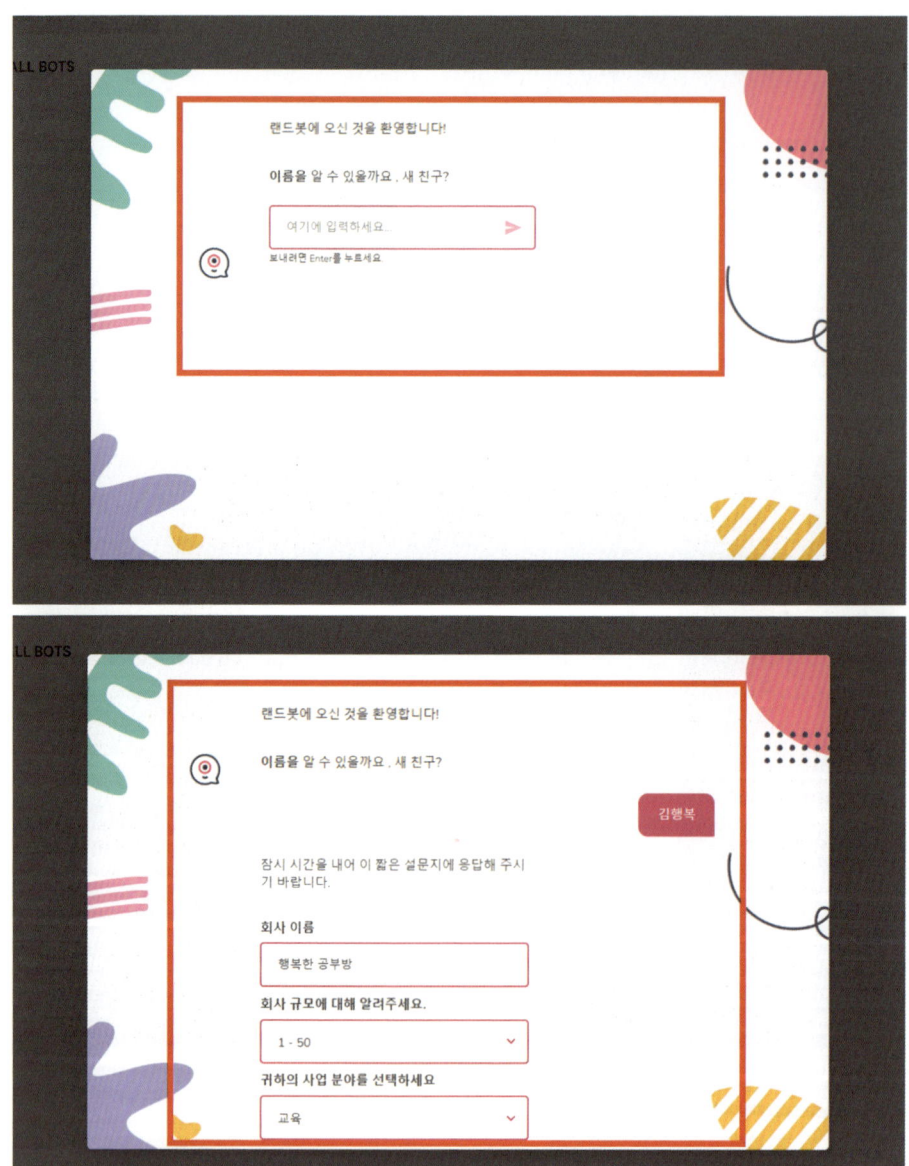

랜드봇이 여러분에 대해 물어보는데, 중요하거나 필수는 아니기에 아무거나 체크하셔도 됩니다.

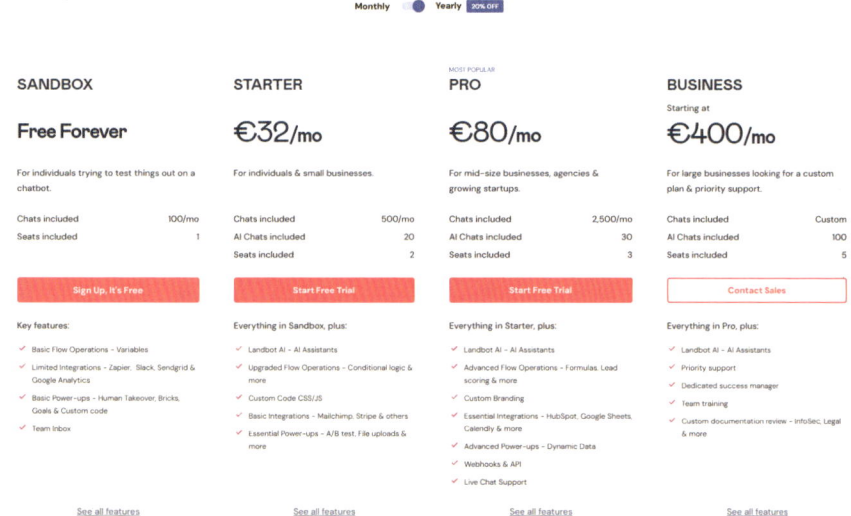

첫 가입시 14일 무료 평가판을 줍니다. 우선 2주 동안 평가판 사용을 권장합니다. 그 이후에는 업그레이드를 해야합니다. 무료 버전과 스타터 버전은 랜드봇에서 핵심이라고 할 수 있는 구글 시트와 연동이 불가능합니다.

요금제는 스타터 버전은 5만 원 정도, 프로 버전이 12만 원 정도합니다. 구글 시트 연동을 위해서는 프로 버전을 써야 합니다.

2-2 숨 쉬는 것만큼 쉬운, 랜드봇 로직 짜기

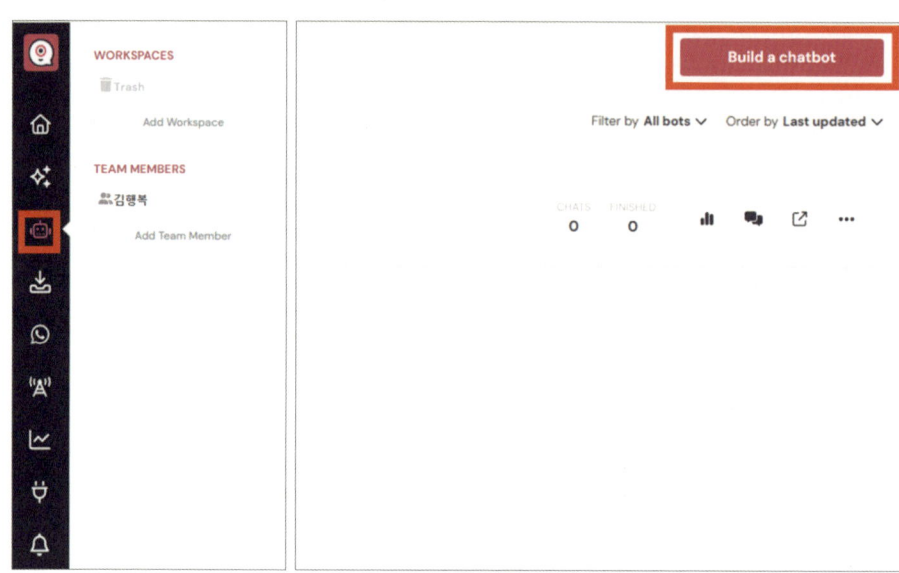

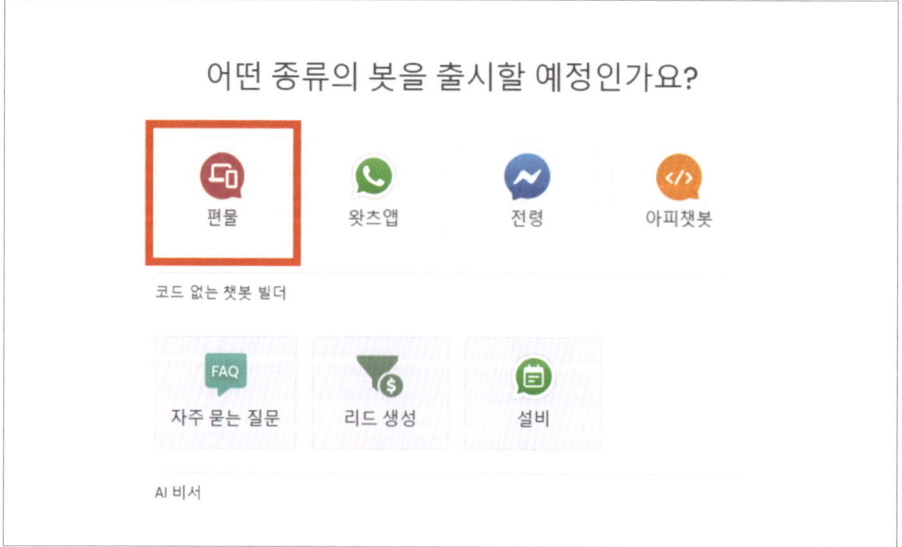

챗봇 만들기 클릭 후, 편물(web)을 클릭합니다.

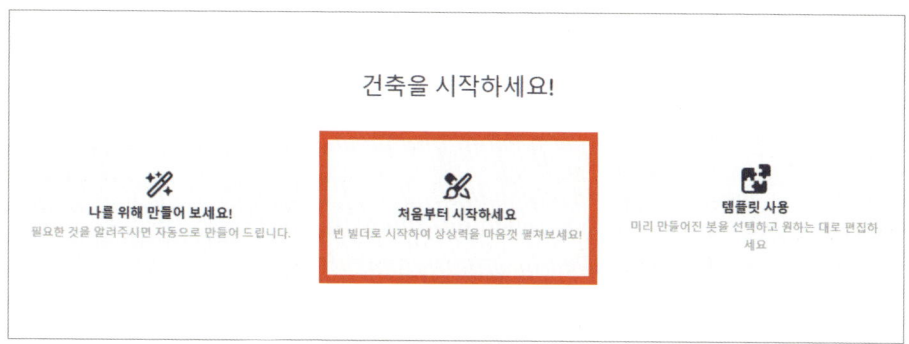

'처음부터 시작하세요.'를 클릭합니다.

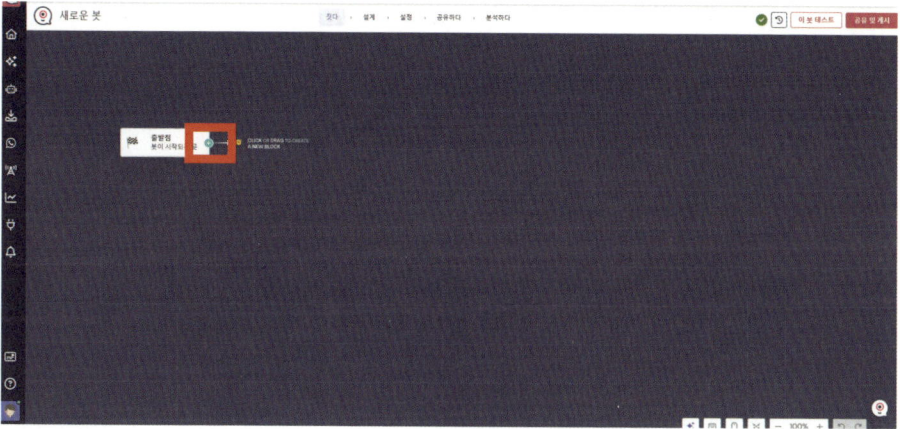

랜드봇의 첫 화면입니다.

오른쪽에 있는 '+'버튼을 눌러서 로직을 만들 수 있습니다.

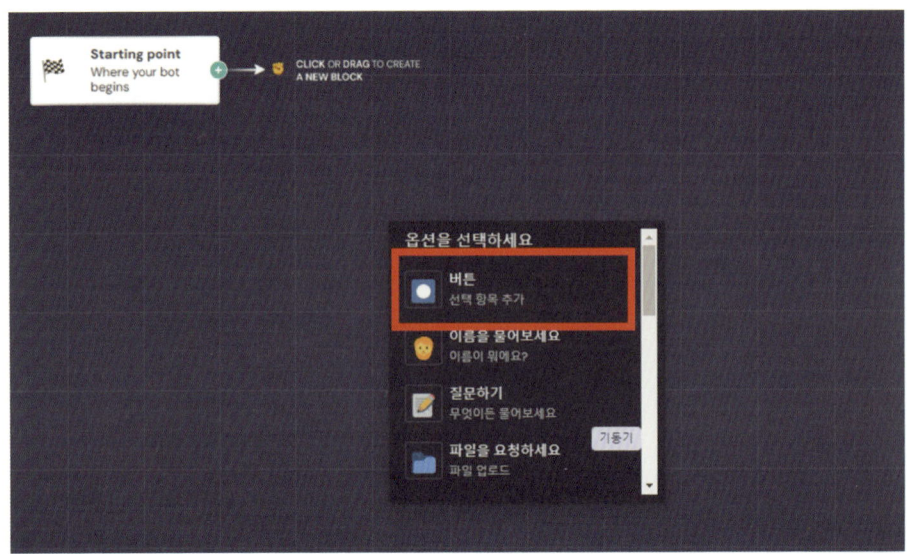

드래그를 할 수 있고, 드래그가 끝나면 선택창이 나옵니다.

버튼으로 시작합니다.

버튼을 통해서 고객과 대화나 강사 소개 그리고 강의 소개가 가능합니다.

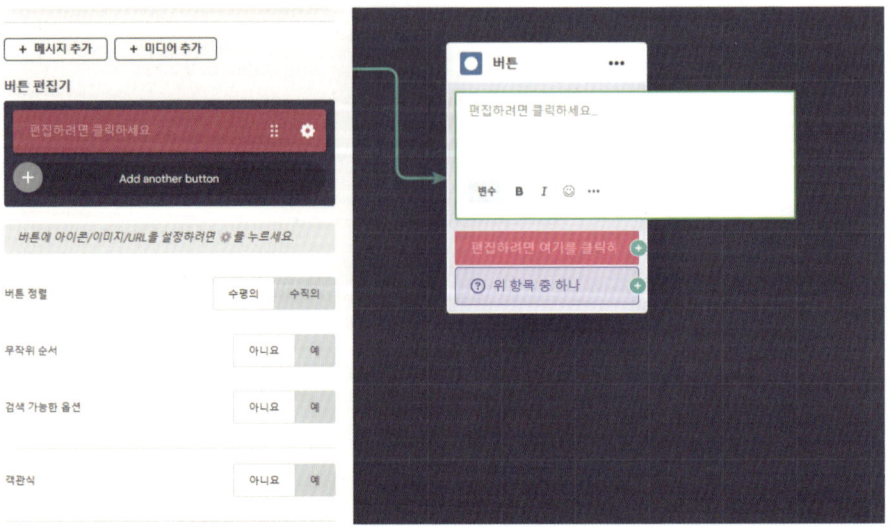

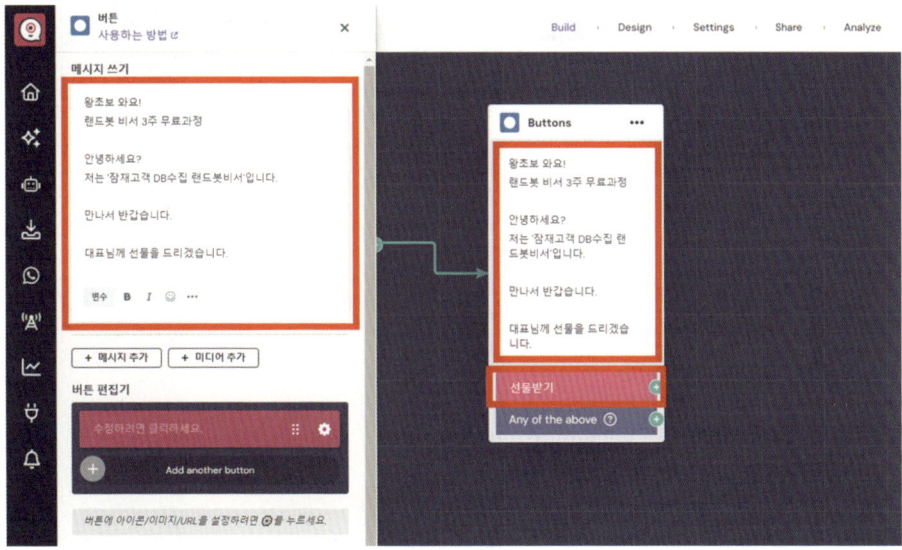

창에 원하는 내용을 적을 수 있습니다.

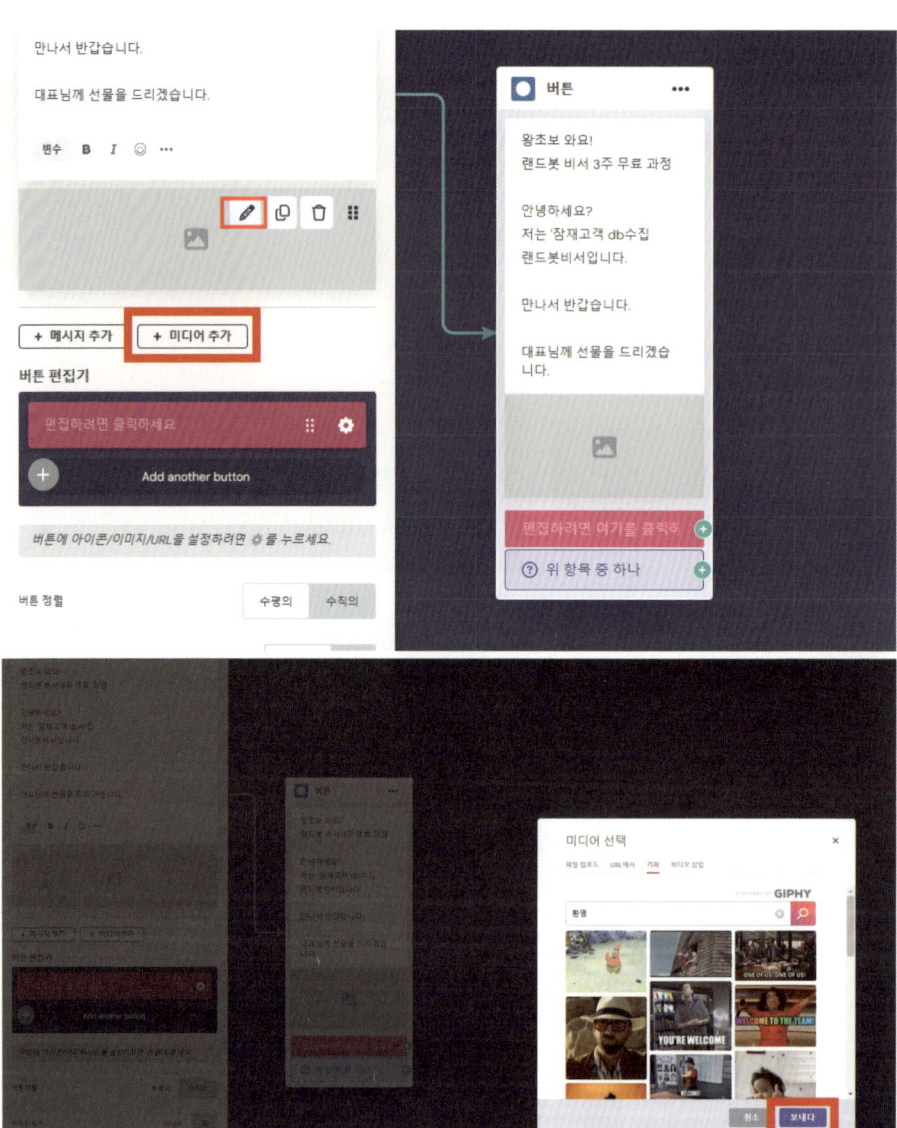

미디어 추가를 누르고, 연필 모양을 누르면, 이미지도 변경할 수 있습니다. 오른쪽 밑 '보내다.'를 누르면 적용됩니다.

하나의 작업이 끝날 때마다 퍼블리시(발행)을 클릭해줍니다.

저장이라고 생각하시면 됩니다.

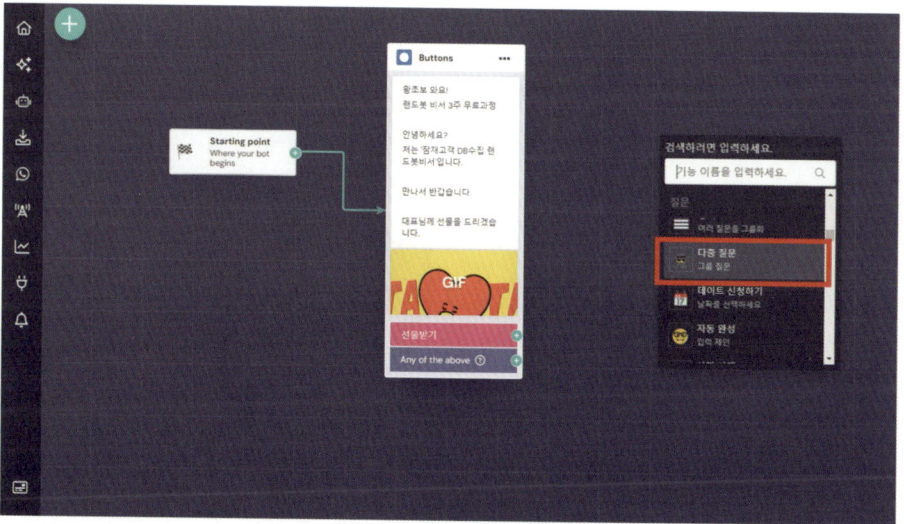

고객의 정보를 받기 위해 다중 질문창을 선택해줍니다.

다중 질문은 고객에게 여러 가지 정보를 요청할 때 사용합니다.

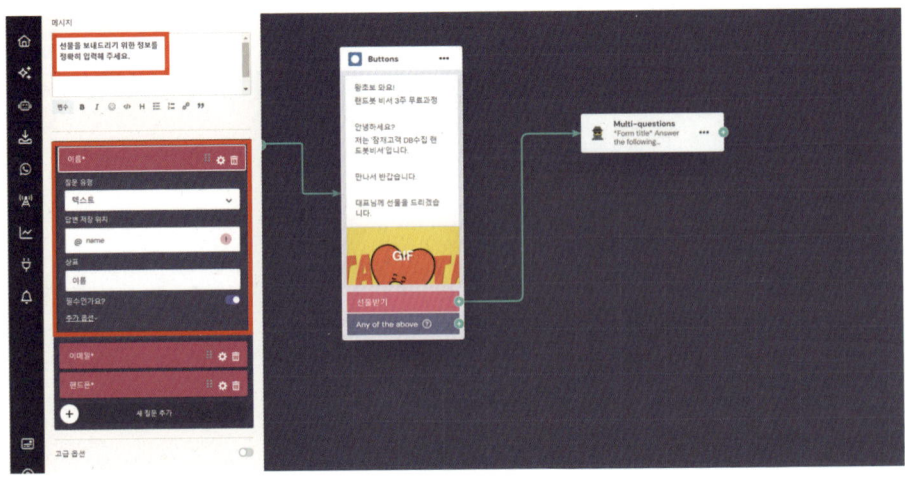

그냥 고객의 정보를 받는 것이 아니라, 이유를 적으시면 좋습니다.

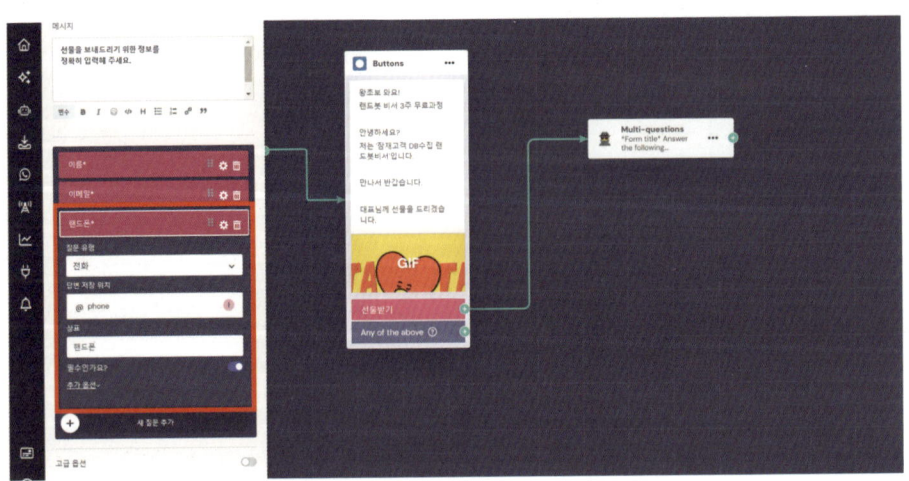

이름과 이메일, 전화번호를 받으면 됩니다. 이때 구글 시트가 필요합니다.

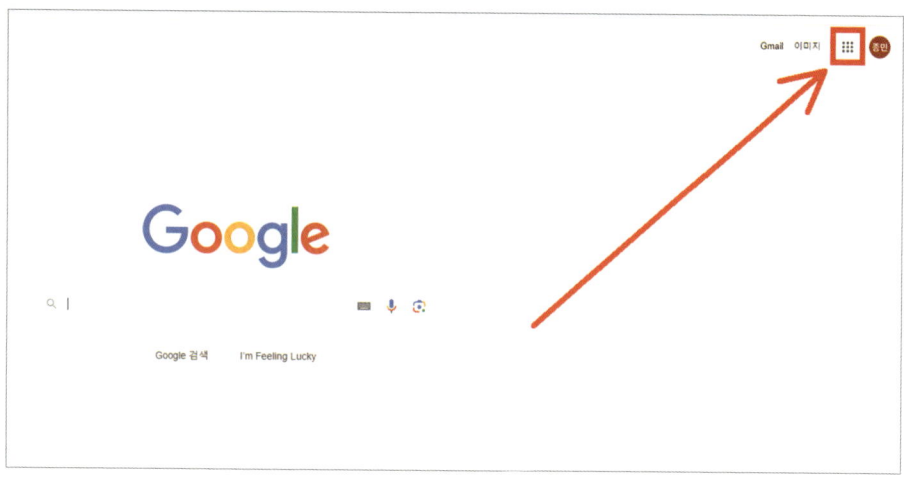

구글 시트를 만들기 위해서는, 구글 → 오른쪽 위에 있는 점 9개 버튼을 클릭하세요.

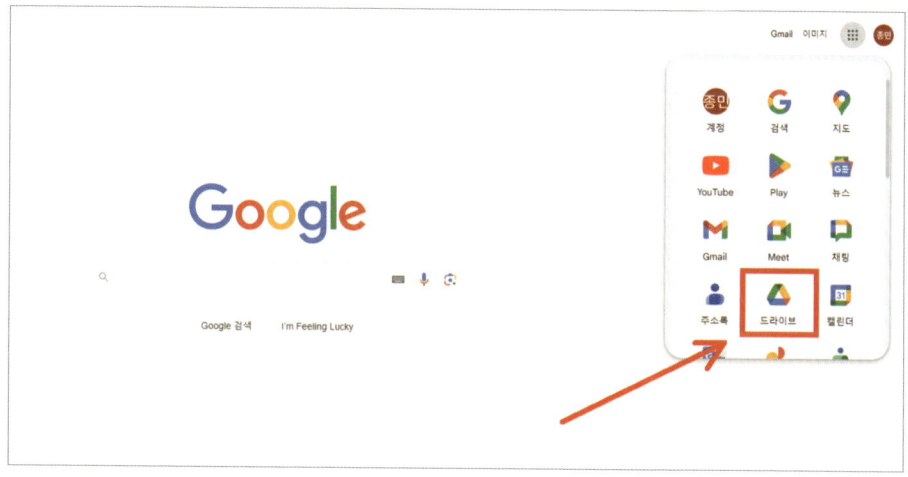

드라이브를 클릭합니다.

+ 신규를 클릭합니다.

구글 스프레드시트 → 빈 스프레드시트

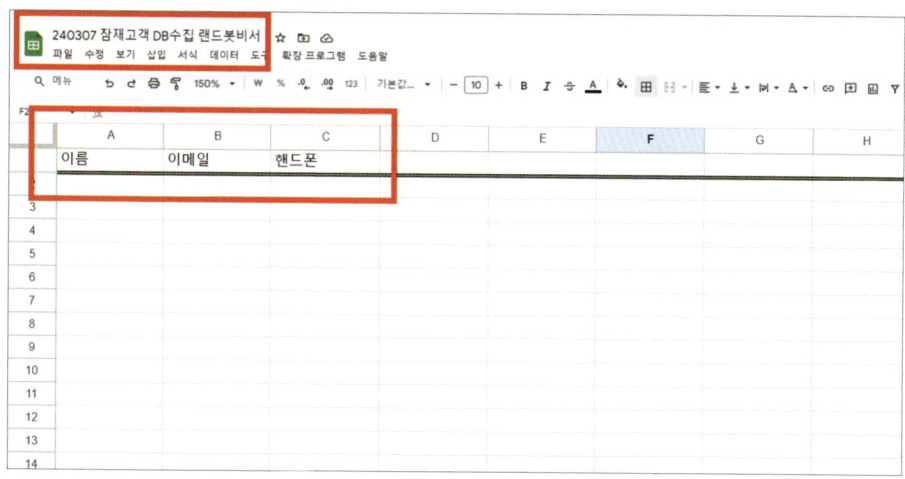

시트 이름을 설정합니다. 날짜와 목적을 넣으시는 것을 추천합니다.

랜드봇을 통해서 고객의 정보를 받으면, 구글 스프레드시트에 이름과 이메일 그리고 핸드폰 번호가 자동으로 저장됩니다.

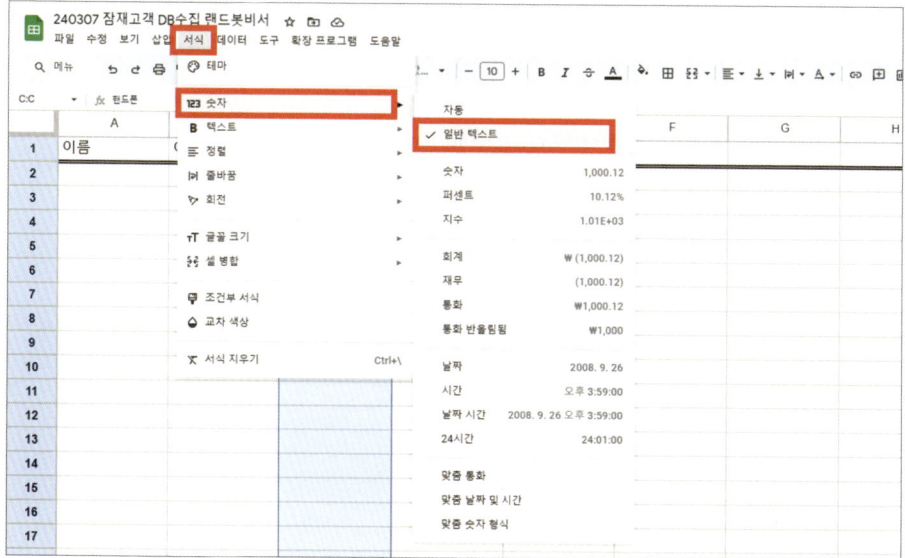

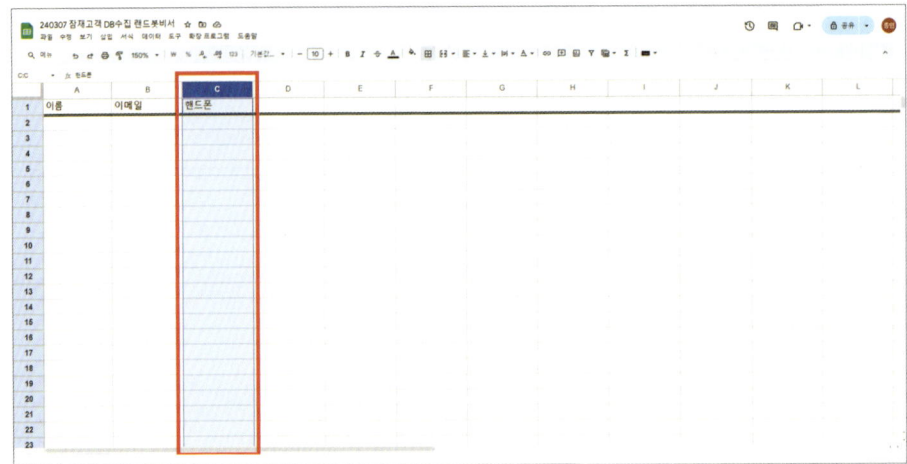

핸드폰 셀을 클릭해서 서식 → 123숫자 → 일반텍스트로 바꿔주세요.

이렇게 설정하지 않으면, 핸드폰 번호 앞의 0이 사라집니다.

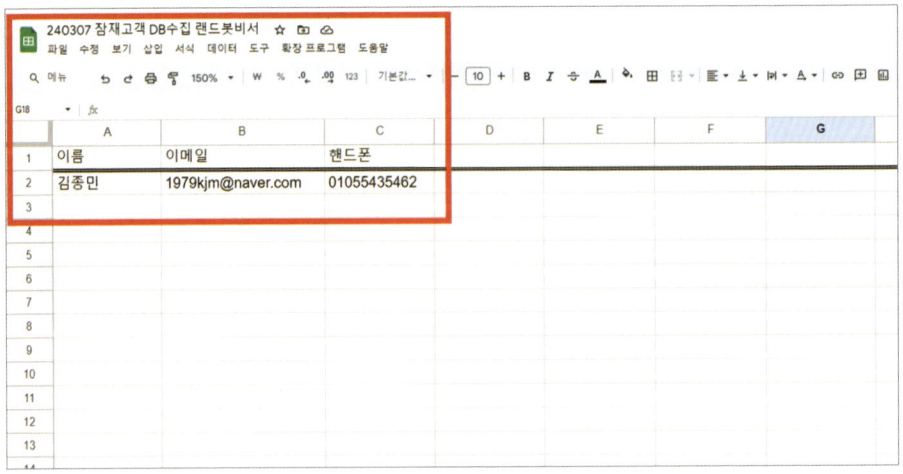

독자님의 정보를 가장 첫 줄에 입력해주세요.

그리고 다시 랜드봇으로 돌아갑니다.

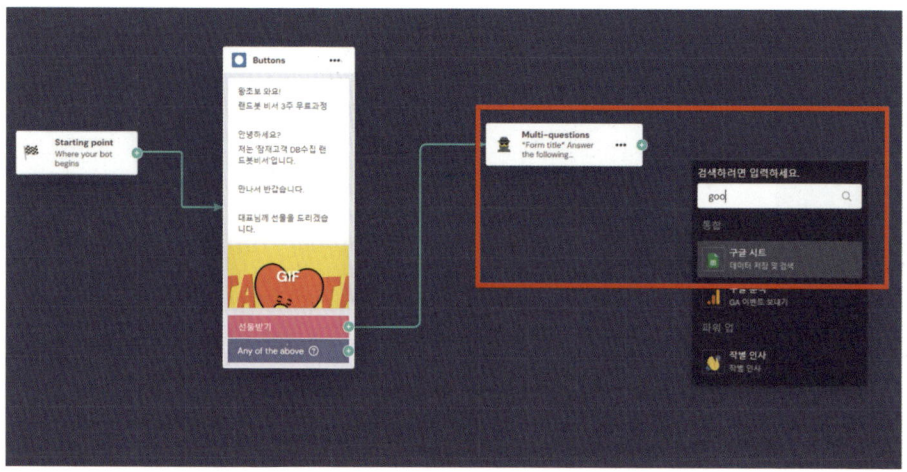

구글 시트를 불러옵니다.

다중 질문 옆의 '+'버튼을 누르고 구글 시트를 불러옵니다. 'goo'라고만 입력하셔도 나옵니다.

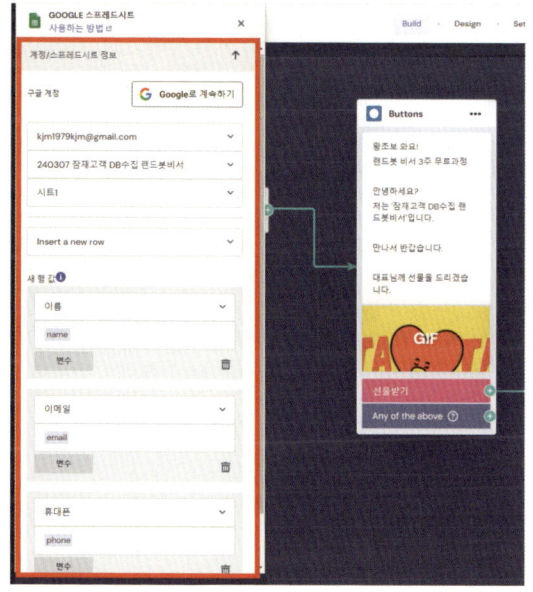

독자님의 계정을 선택하고 아까 만들어놓은 구글 시트를 선택합니다. 그리고 'insert a new row'를 클릭합니다.

아래에는 'name', 'email', 'phone'으로 설정해야합니다.

그리고 아래쪽 밑에 '적용하다'를 누릅니다.

'insert a new row'는 새로운 정보 즉 고객의 DB를 받을 때 사용합니다.

고객이 정보를 잘못 입력할 수도 있기 때문에 버튼을 만듭니다.

고객이 성함과 이메일 그리고 휴대폰 번호를 확인할 수 있습니다.

혹시나 잘못 입력한 경우는 다시 입력할 수도 있습니다.

다시 입력하게 하는 방법은 '다시입력하기(클릭)'의 +버튼을 누른 뒤, 다중 질문으로 드래그하면 됩니다.

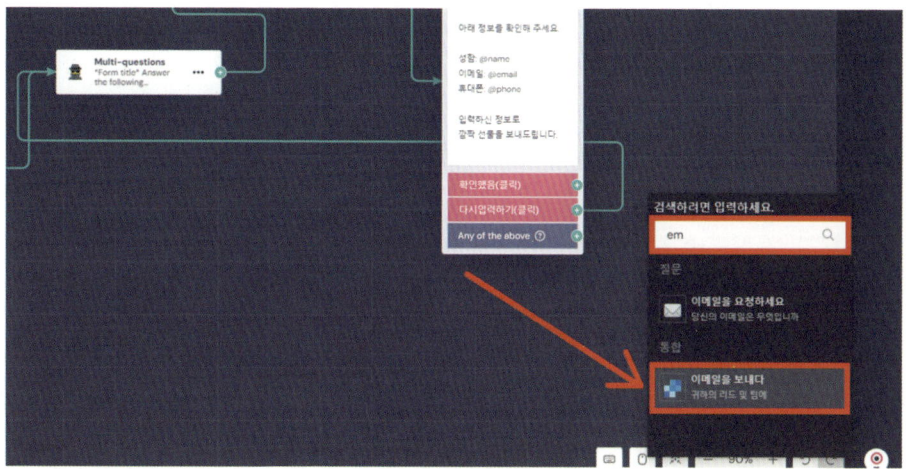

'확인했음(클릭)'을 드래그해서 '이메일을 보내다'를 클릭합니다.

자동으로 고객에게 이메일이 자동으로 전송됩니다.

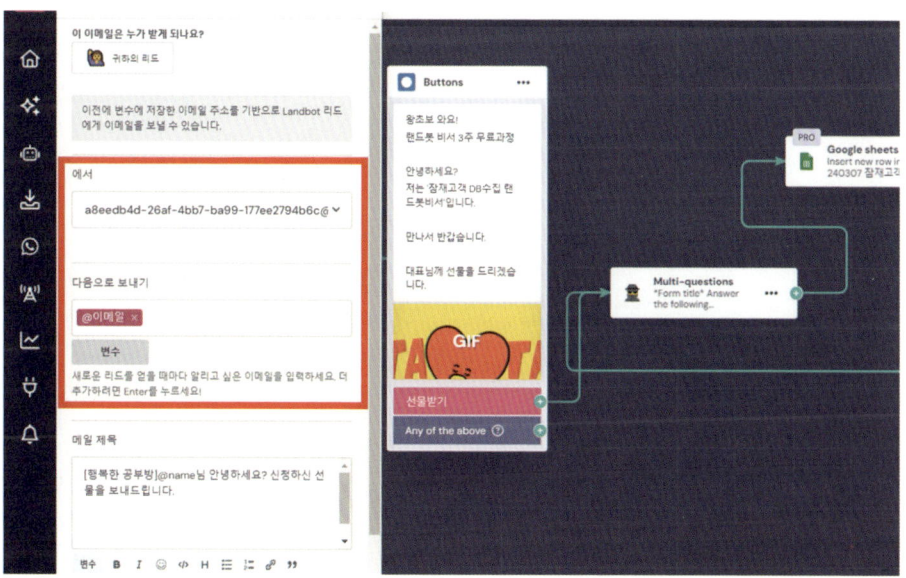

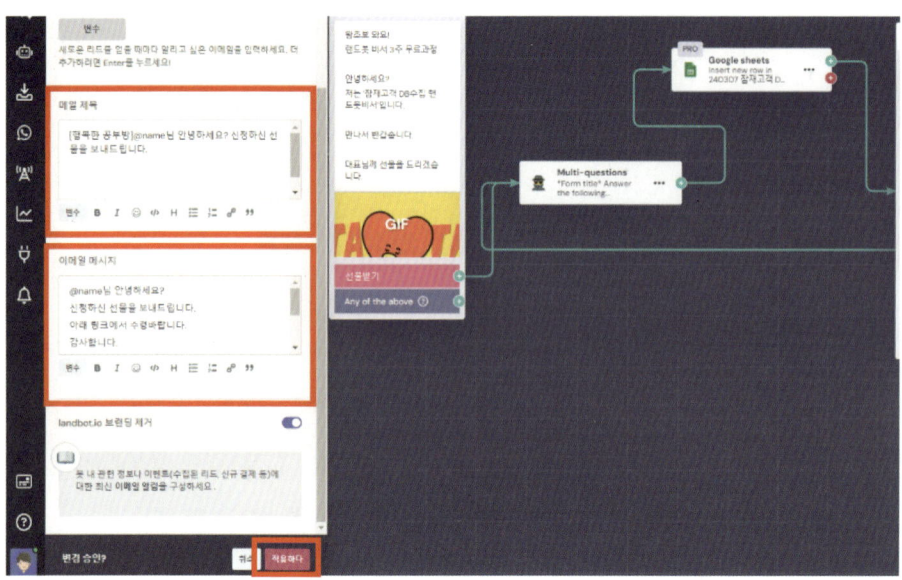

이메일 제목과 내용을 설정할 수 있습니다. 그리고 '적용하다'를 누릅니다.

마지막으로 굿바이 메시지를 보냅니다.

마찬가지로 메시지를 적을 수 있습니다.

메시지를 쓴 후 '적용하다'를 누릅니다.

모든 로직을 다 짰으면 퍼블리시 버튼을 누릅니다.

말씀드렸듯이 중간중간 퍼블리시 버튼을 꼭 누르시는 것을 추천합니다.

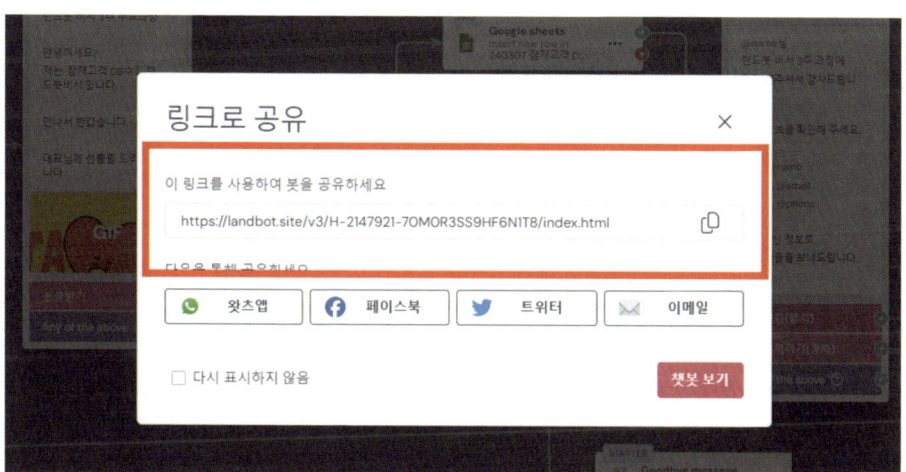

이 링크를 복사하면, 공유가 가능합니다.

"test this bot"을 누르면, 제대로 잘 만들어졌는지 확인할 수 있습니다.

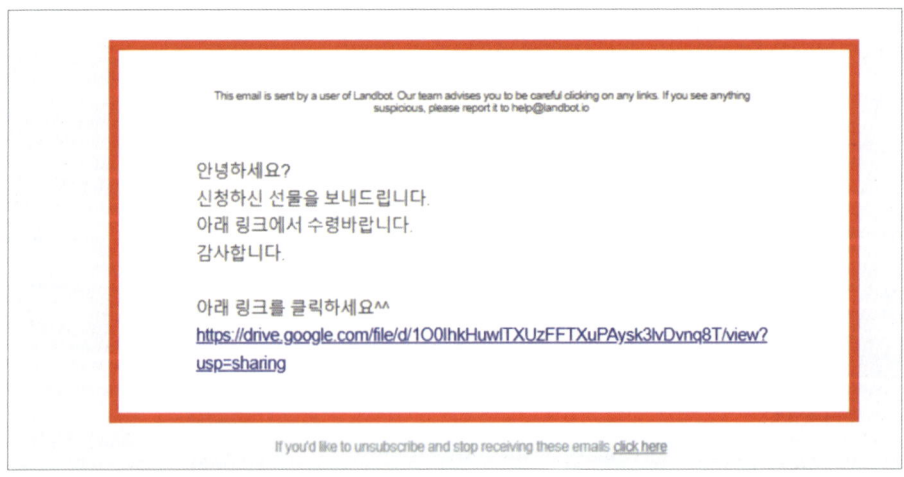

로직이 잘 만들어졌다면, 이메일이 자동으로 전송됩니다.

2-3 하나만 만들면 그다음은 편하다, 랜드봇 복제하기

오른쪽 (…)를 누르고

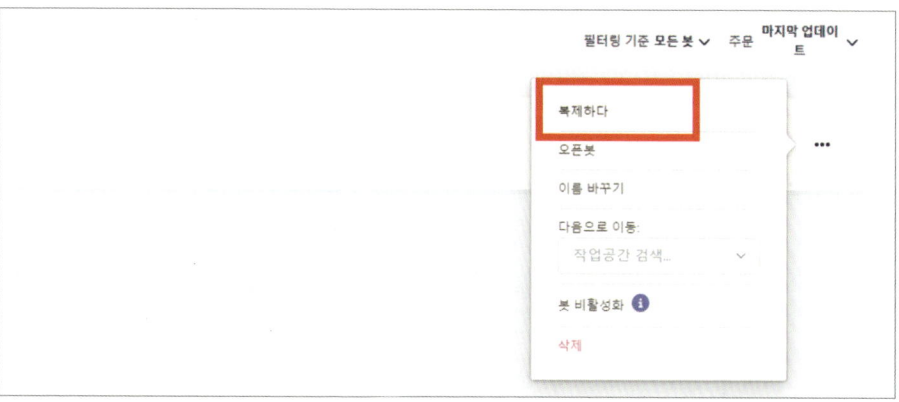

'복제하다(Duplicate)' 버튼을 클릭하면 기존에 만들어 놓았던 로직이 그대로 복사됩니다.

세부내용만 고치면 새로운 랜드봇이 됩니다.

삭제하고 싶을 때는 (…)를 누르고 삭제(delete)를 클릭

삭제된 랜드봇 로직은 'trash(쓰레기)'에 있습니다.

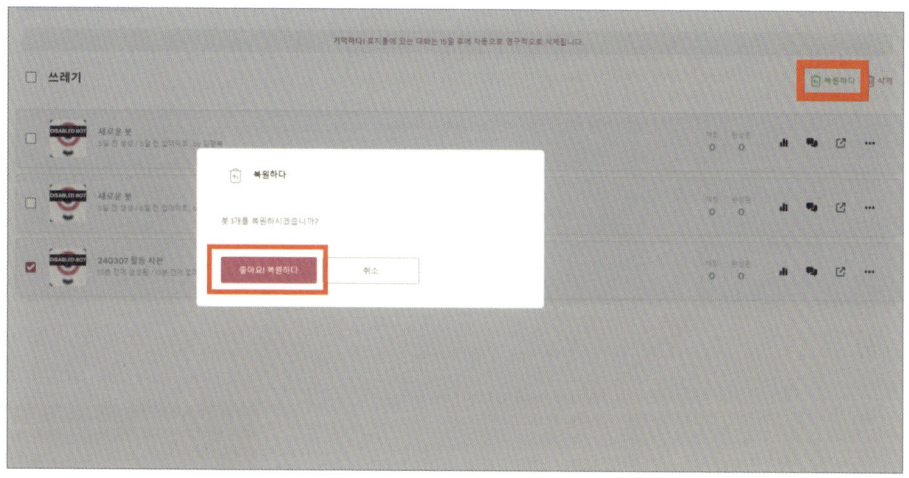

실수로 삭제한 랜드봇 로직이 있다면, 오른쪽 위에 있는 restore(복원하다)를 클릭한 후 ok! restore it (좋아요, 복원하다)를 클릭하면, 다시 사용할 수 있습니다.

2-4 랜드봇의 변신은 무죄, 랜드봇 이쁘게 디자인하기

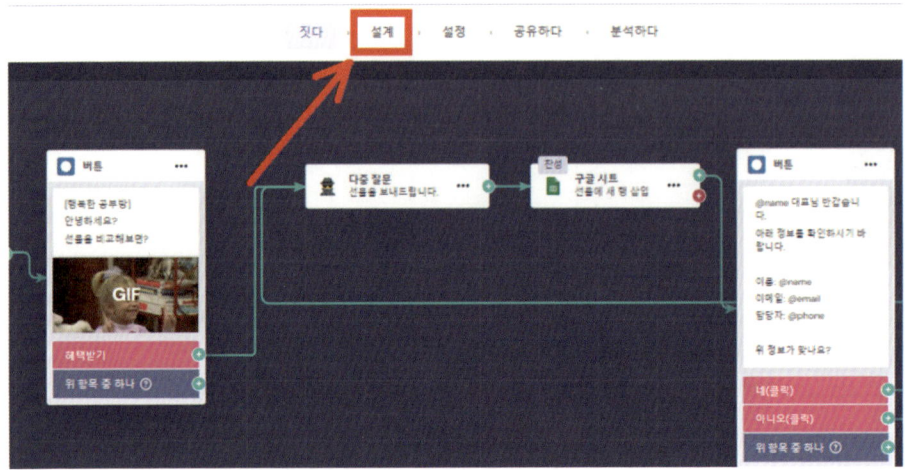

삭막해 보이는 랜드봇을 예쁘게 꾸며볼 예정입니다.

상단에 있는 design(설계) 클릭

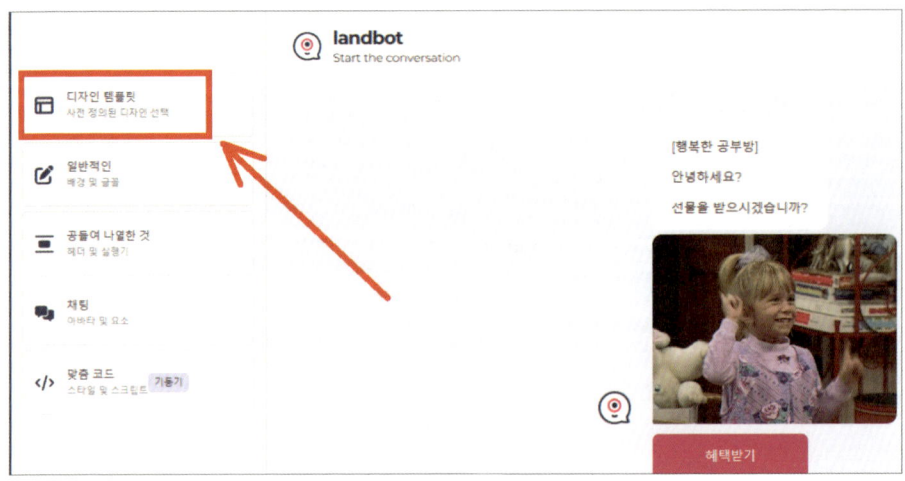

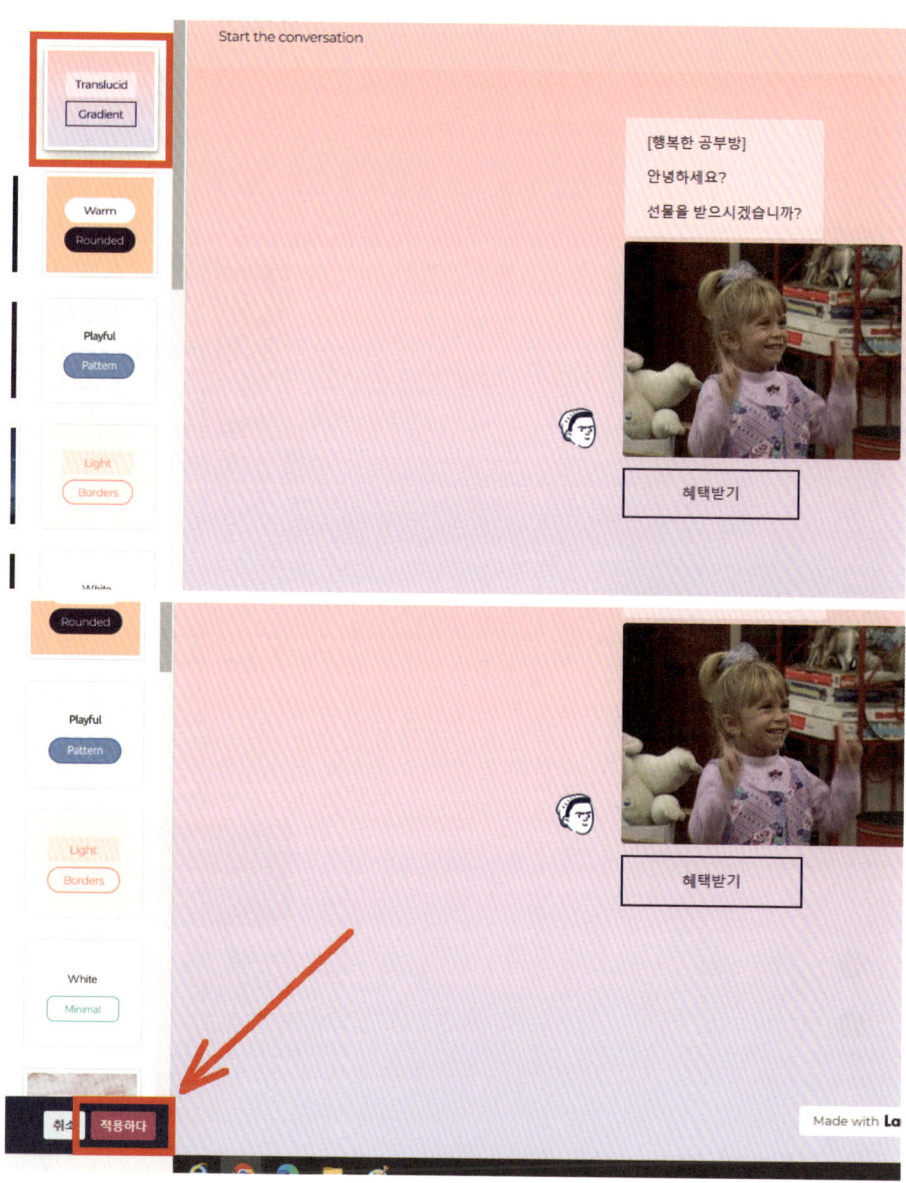

디자인 템플릿에서 원하는 디자인 템플릿을 고르고

apply(적용하다)를 누르면 적용됩니다.

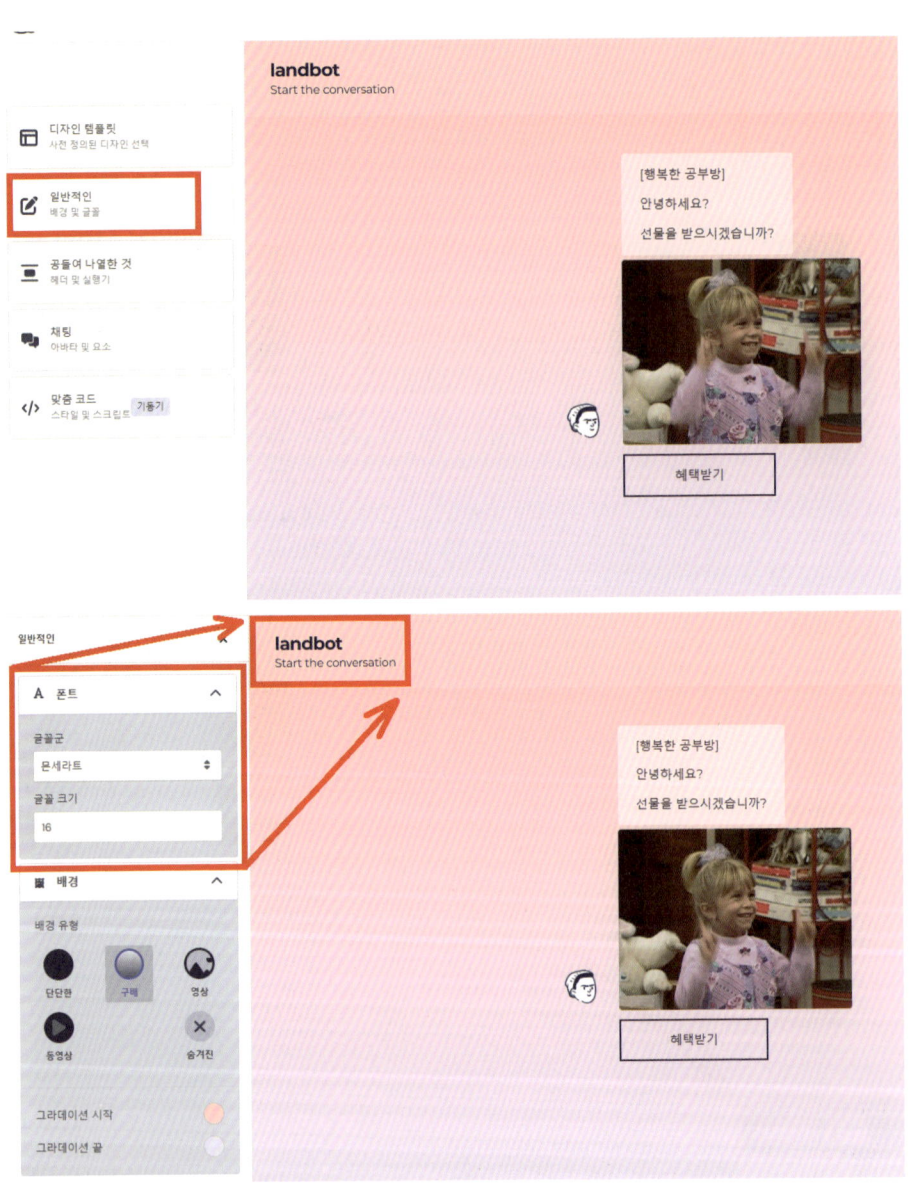

general(일반적인)을 클릭하면 글자체를 바꿀 수 있습니다.

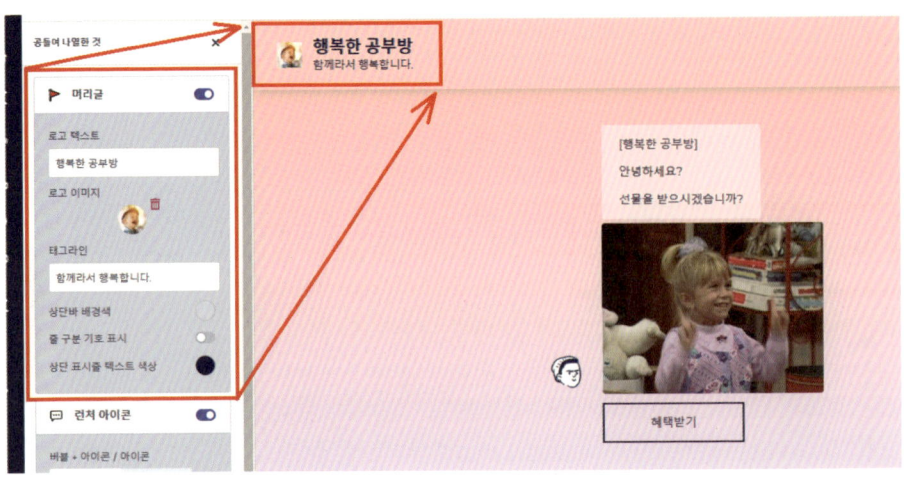

lay out(공들여 나열한 것)을 누르면, 랜드봇의 제목과 서브 제목을 설정 할 수 있고 로고도 넣을 수 있습니다.

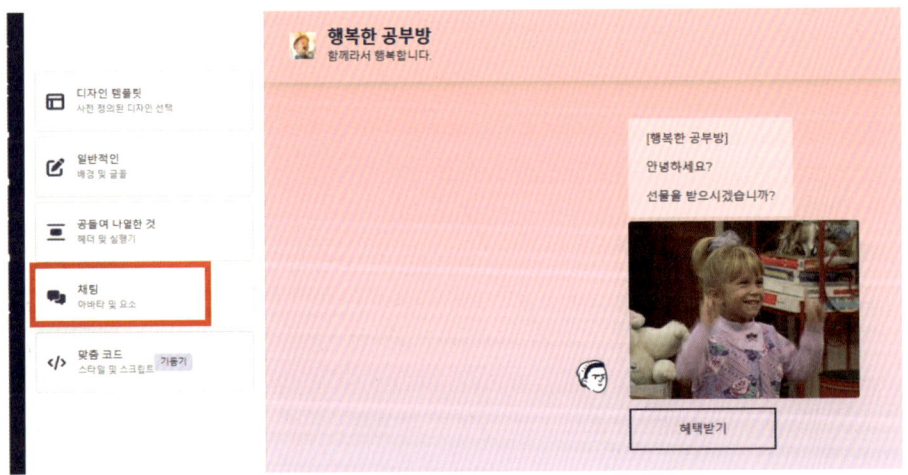

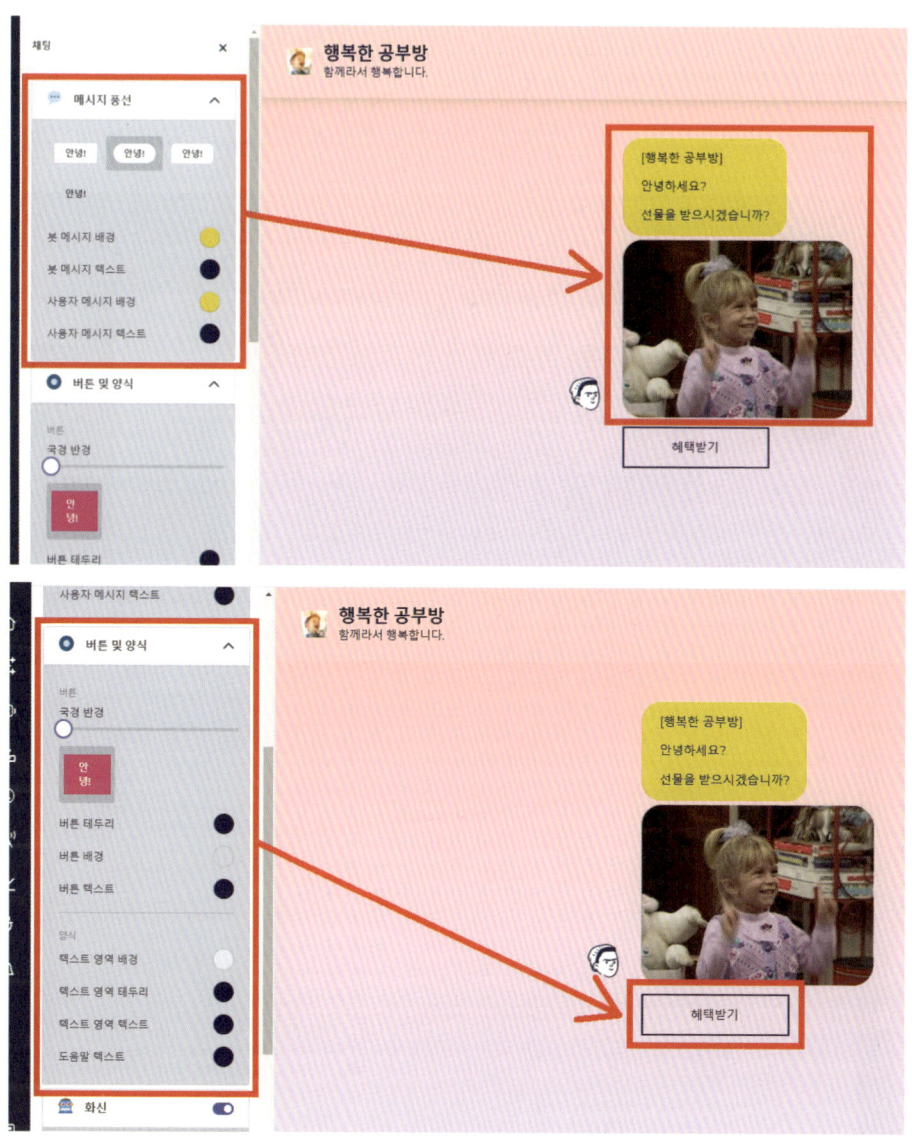

chat(채팅)을 누르면 채팅창의 색깔과 모양을 설정할 수 있고, 버튼의 색깔과 모양, 아이콘의 모양도 설정할 수 있습니다.

2-5 고수만 아는 랜드봇의 고급 기술

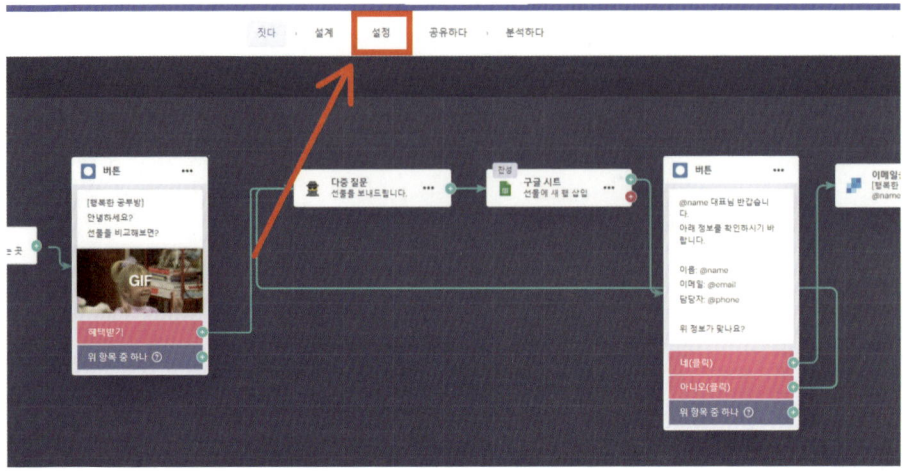

setting(설정) 클릭

hide(숨김)을 누르면 랜드봇 로고를 사라지게 할 수 있습니다.

SEO 및 추척에서는 카카오톡에 공유했을 때 보여줄 썸네일 이미지를 추가할 수 있습니다.

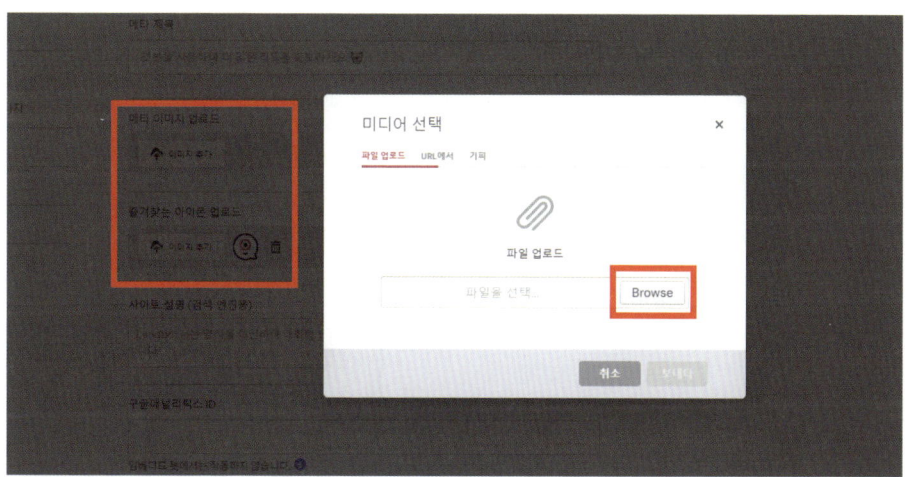

add an image(이미지 추가)는 카카오톡에 공유했을 때 보여질 썸네일 이미지를 넣어줍니다.

59

썸네일을 확인하고 변경 승인 클릭

랜드봇 링크를 클릭해서, 자신의 카톡으로 보내봅니다.

원하는 이미지가 나오면 넘어갑니다.

하지만 그렇지 않은 경우에는 기존 이미지를 제거해야합니다.

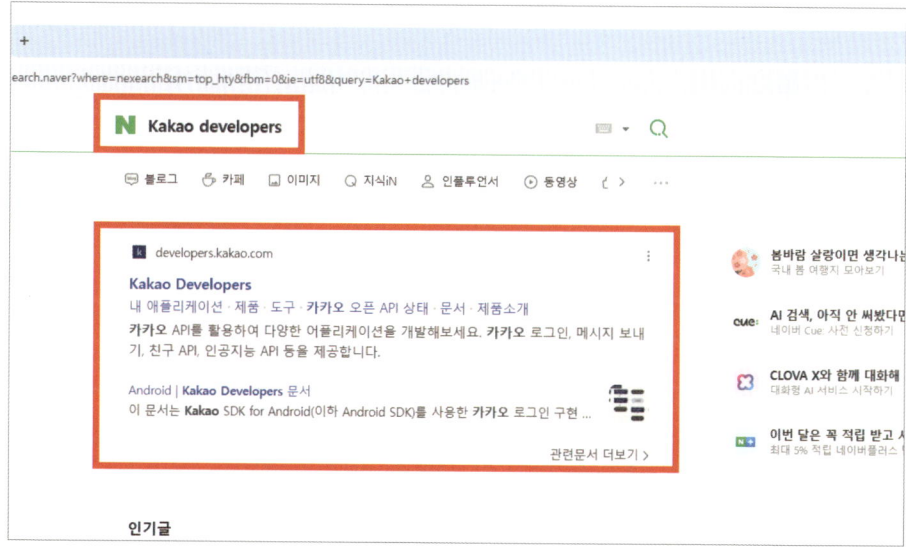

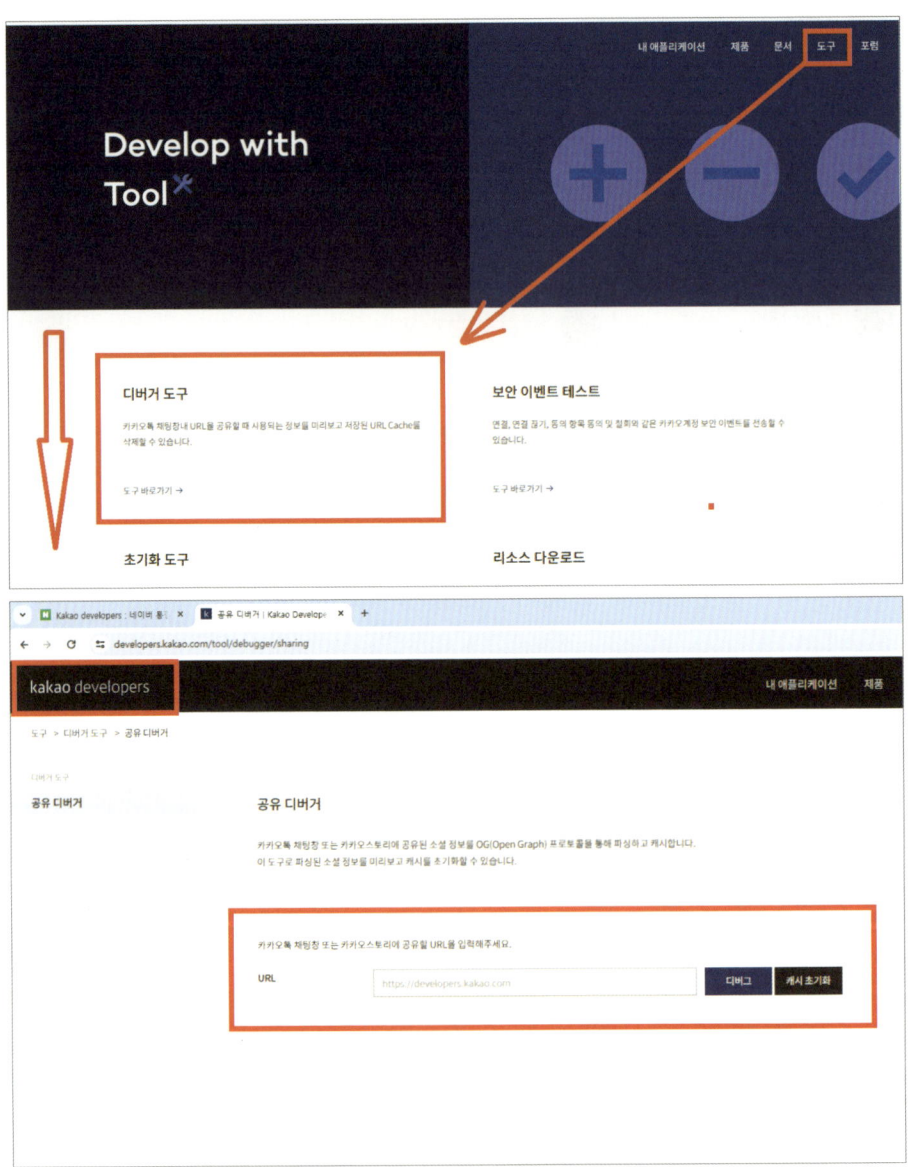

네이버에서 kakao developers를 검색한 후

도구 → 디버거 도구로 들어갑니다.

url에 랜드봇 링크를 넣고, 디버그를 누릅니다.

원하는 이미지로 변경된 것을 확인할 수 있습니다.

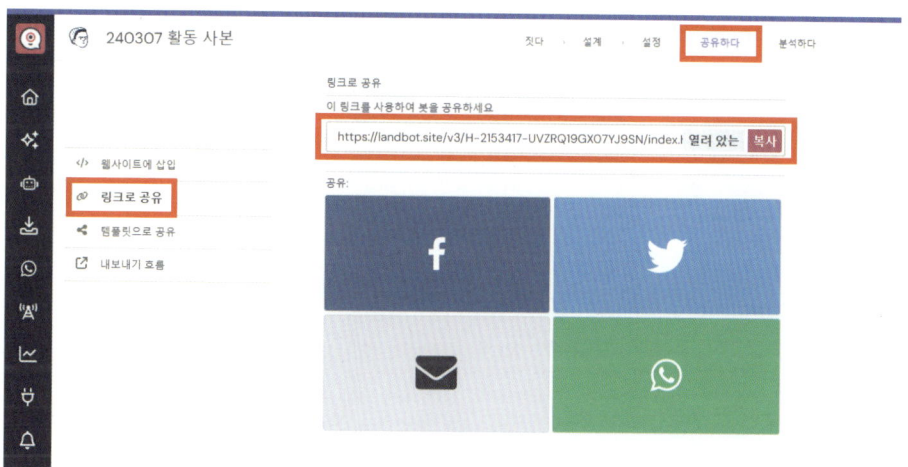

share(공유하다)에서는 랜드봇 링크를 가져올 수 있습니다.

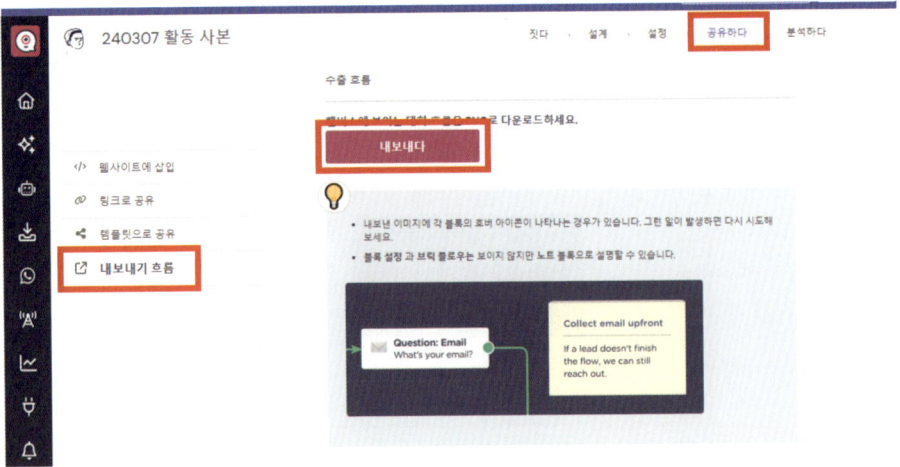

그리고 export (내보내다)로 랜드봇 로직 이미지를 내보내기 할 수 있습니다.

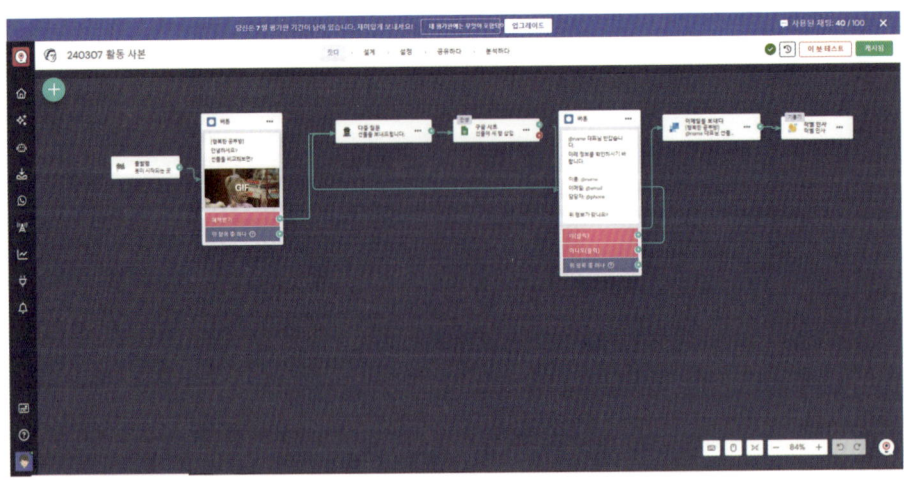

다운로드 파일에 로직도가 이미지 파일로 내보내기 되었습니다.

이렇게 공유도 가능합니다.

2-6   또 오셨군요? 단골 고객 알아보기

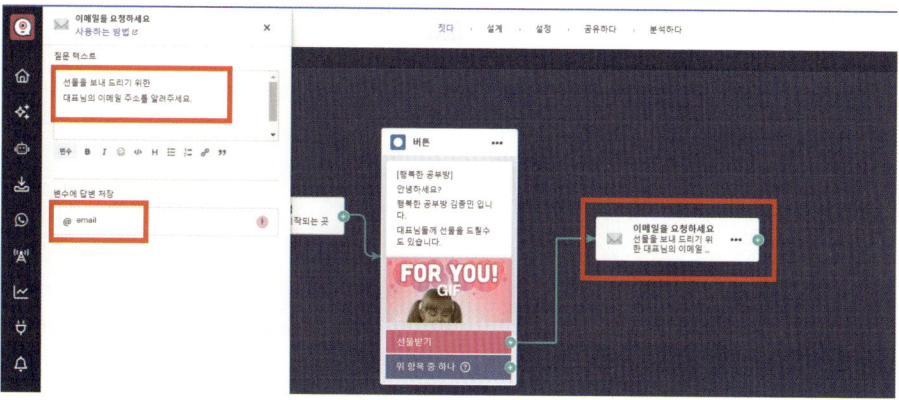

버튼을 눌러 이메일 주소를 요청합니다.

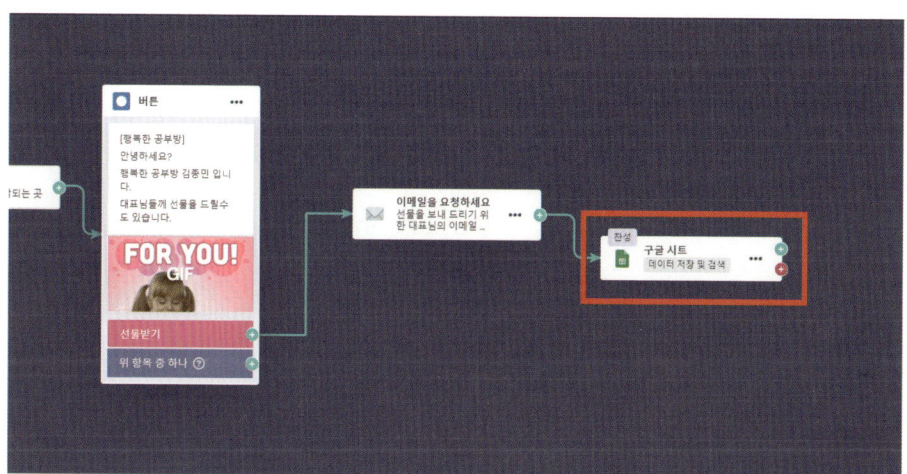

구글 시트를 연결합니다.

행값 가져오기 → 이름, 이메일, 연락처, 그리고 각 변수로 name, email, phone를 설정하고 적용하다를 클릭합니다.

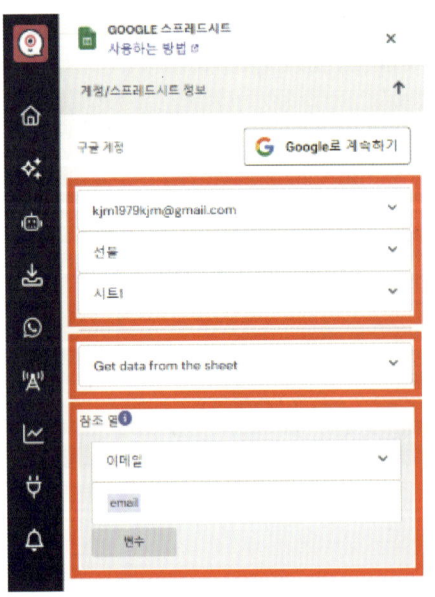

get data from the sheet를 클릭합니다.

참조 열은 이메일을 누르고, 변수는 email로 설정합니다.

get data from the sheet는 기존 고객의 정보를 조회할 때 사용합니다.

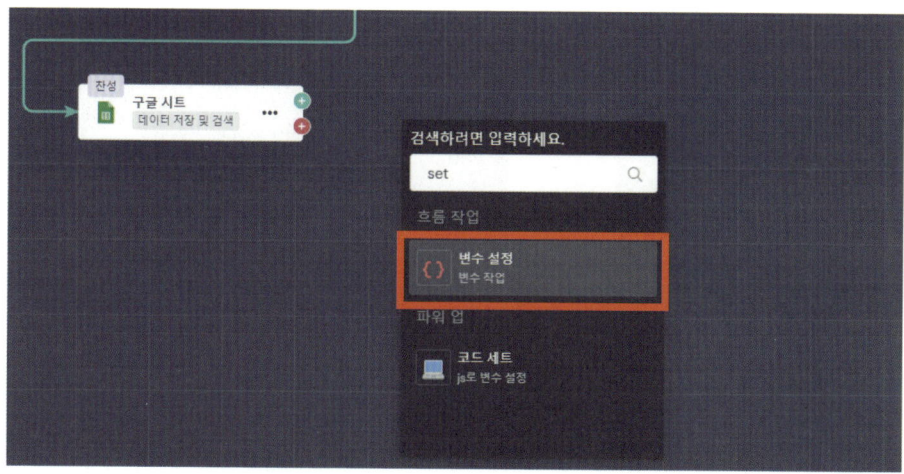

만약 기존의 내 고객 (랜드봇으로 DB를 남긴 고객)과 처음 온 사람을 구분하기 위해 변수 설정을 만들어줍니다.

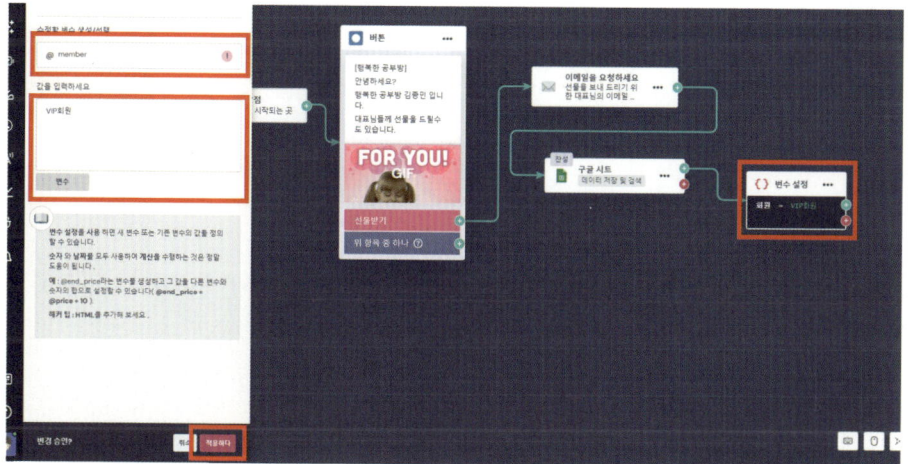

변수생성 (@member) → VIP 회원 → 적용하다 클릭

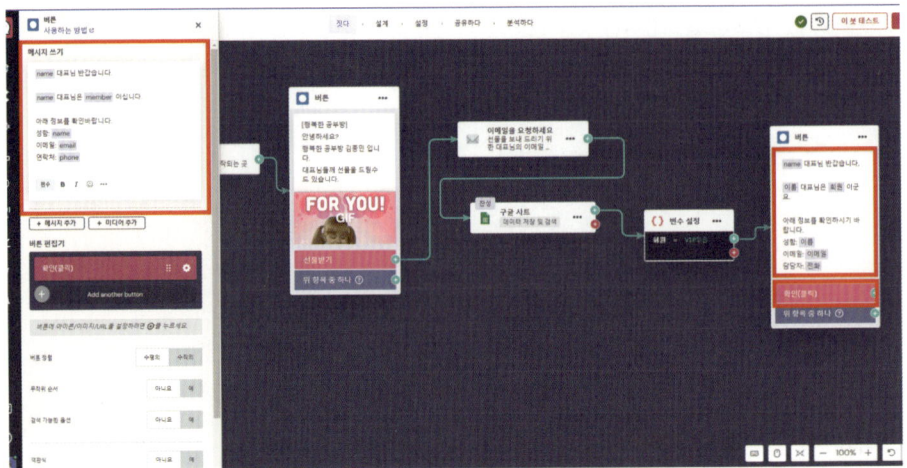

이메일 주소가 있다면 고객에게 기존 정보 (성함, 이메일, 전화)를 확인시켜 주고 다른 멘트가 보이게 할 수 있습니다.

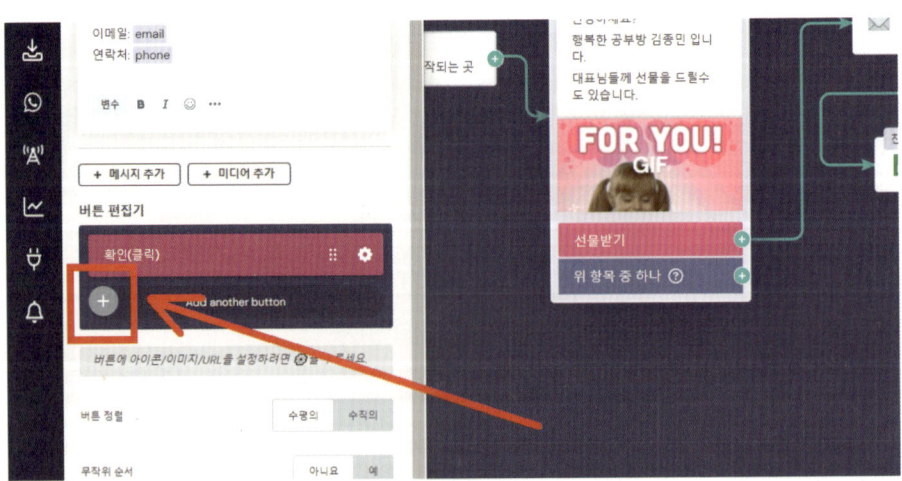

+버튼을 눌러 버튼을 추가 생성합니다.

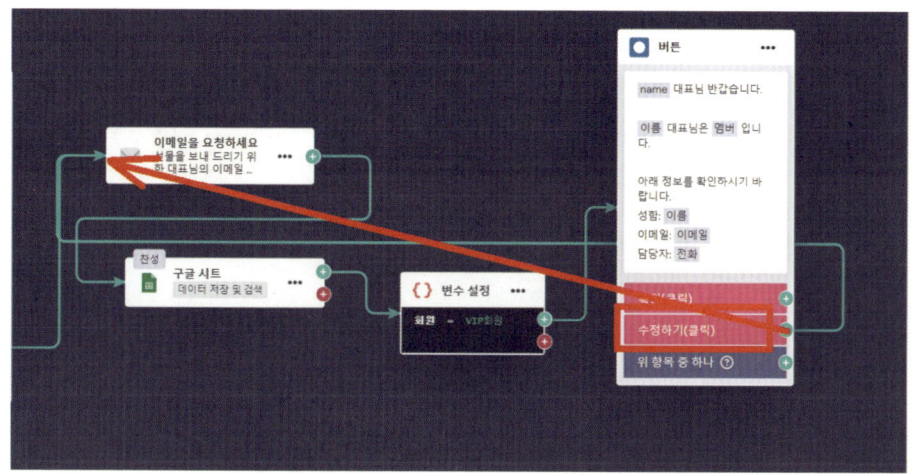

수정하기 버튼을 만든 후 이메일을 요청하세요로 연결해봅니다.

기존 고객 정보 (이메일 정보)가 없다면, 다중 질문을 클릭합니다.

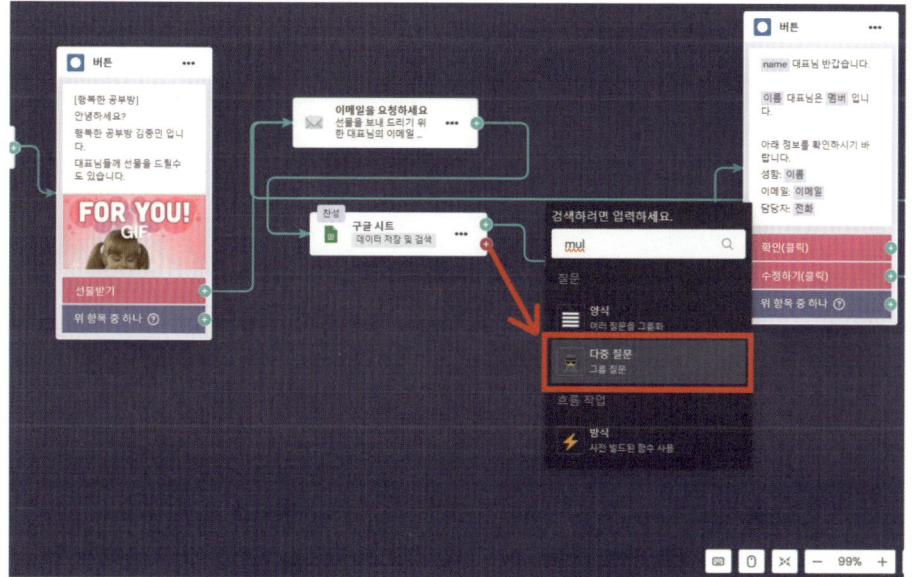

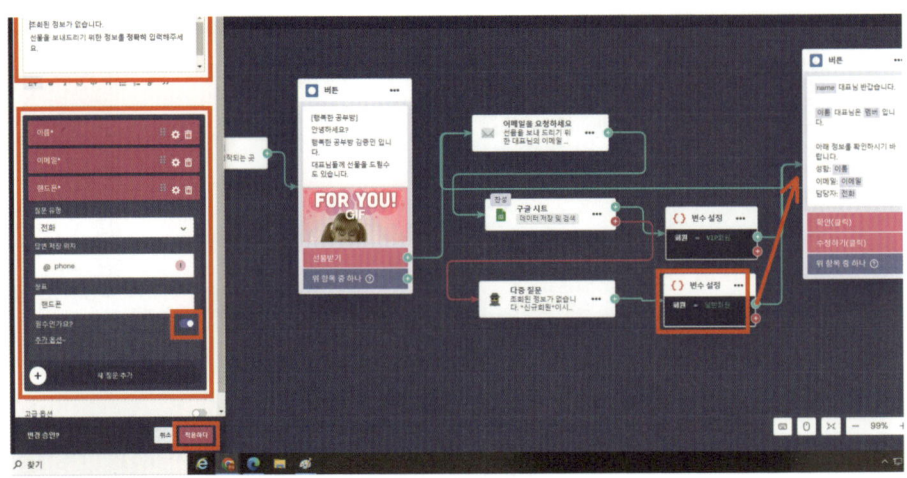

다중질문에서 이름, 이메일, 핸드폰 번호를 받고

변수(@member)에 '일반회원'을 저장 → 버튼으로 연결합니다.

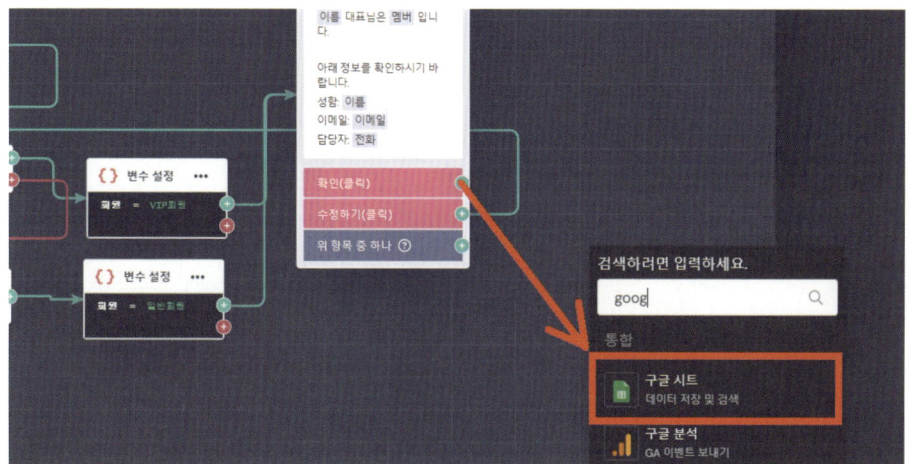

새로운 DB를 받을 구글 시트를 만듭니다.

버튼에서 구글 시트로 연결합니다.

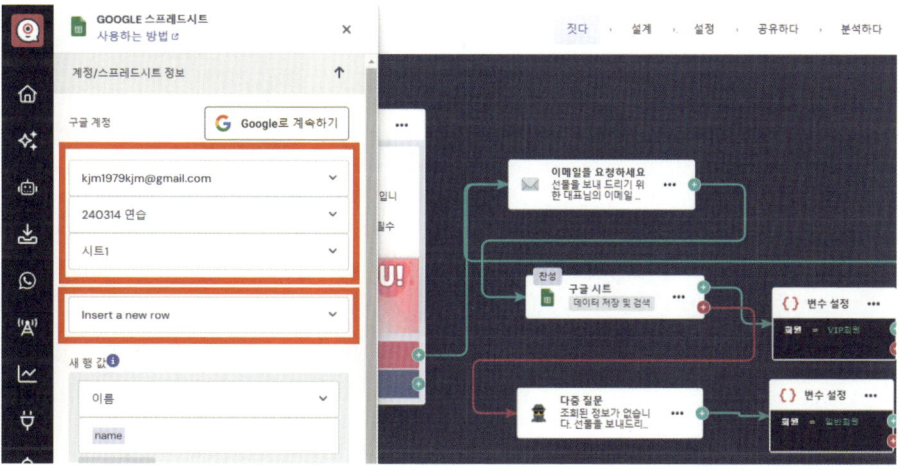

방금 만든 구글시트에 연결하고 insert a new row를 선택합니다.

이름, 연락처, 이메일, 회원 등급을 각 변수와 구글 시트에 저장하고 적용하다 클릭

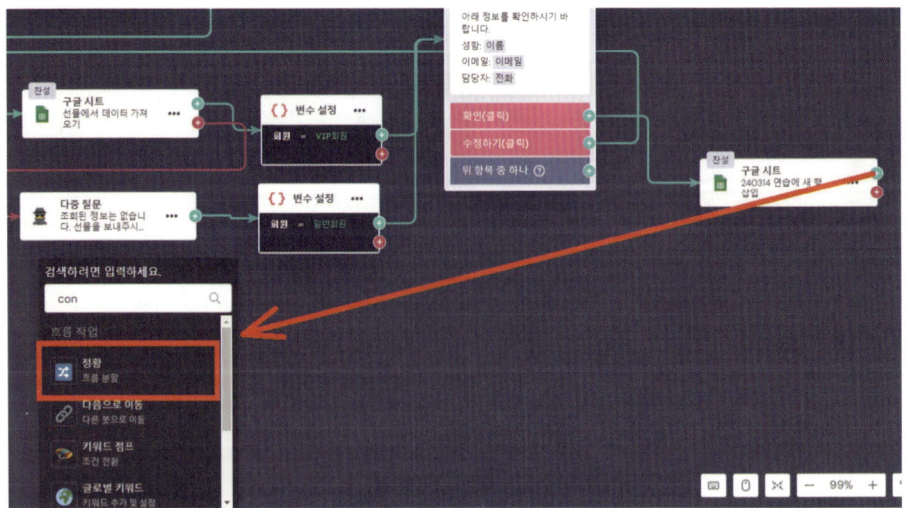

회원 등급 별로 다른 메일을 보내기 위해 condition (상태)을 선택합니다.

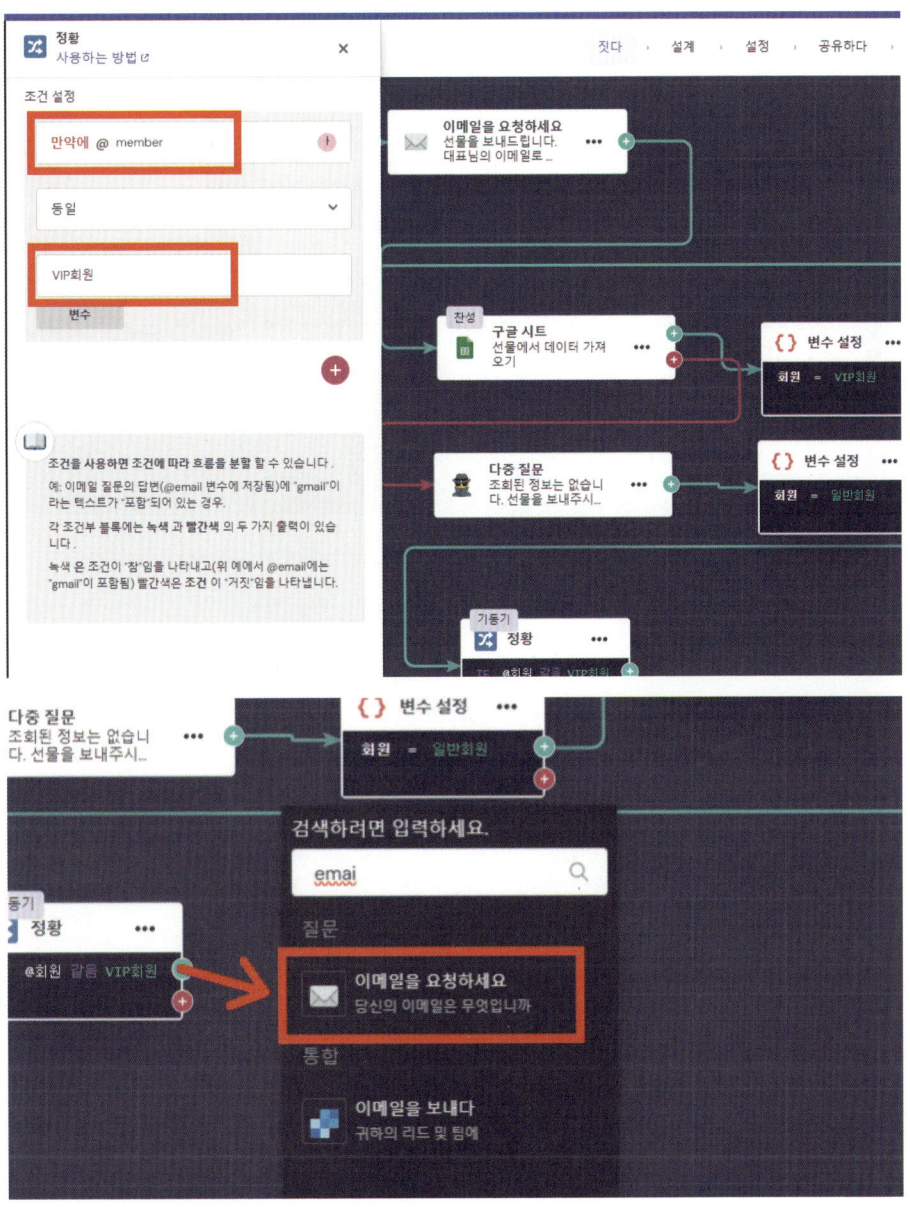

만약 VIP 회원이라면, VIP 회원용 이메일을 보냅니다.

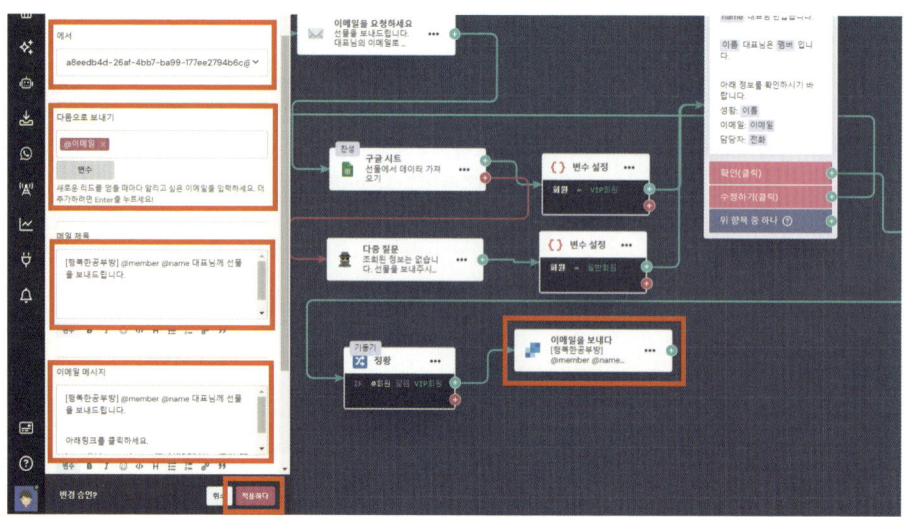

저장된 이메일 주소로 각각 다른 이메일이 발송됩니다.

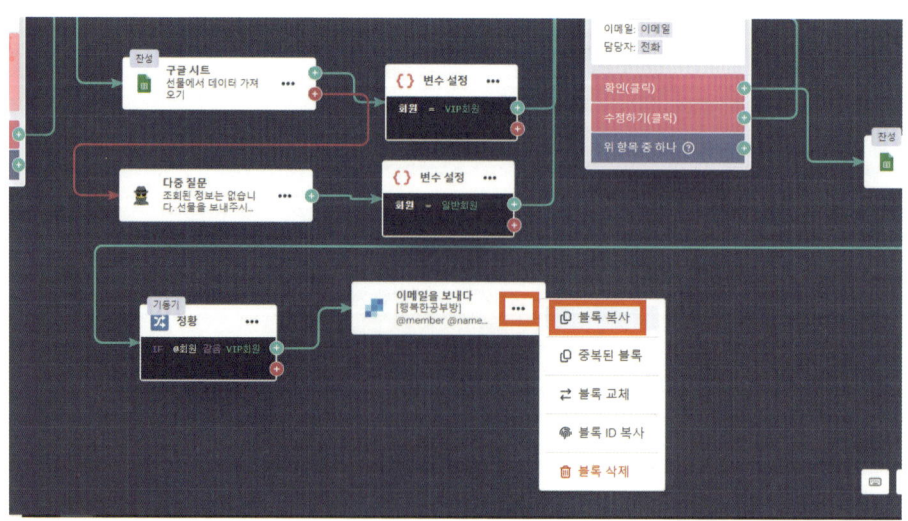

블록을 복사해서, 일반 회원용 버전도 만듭니다.

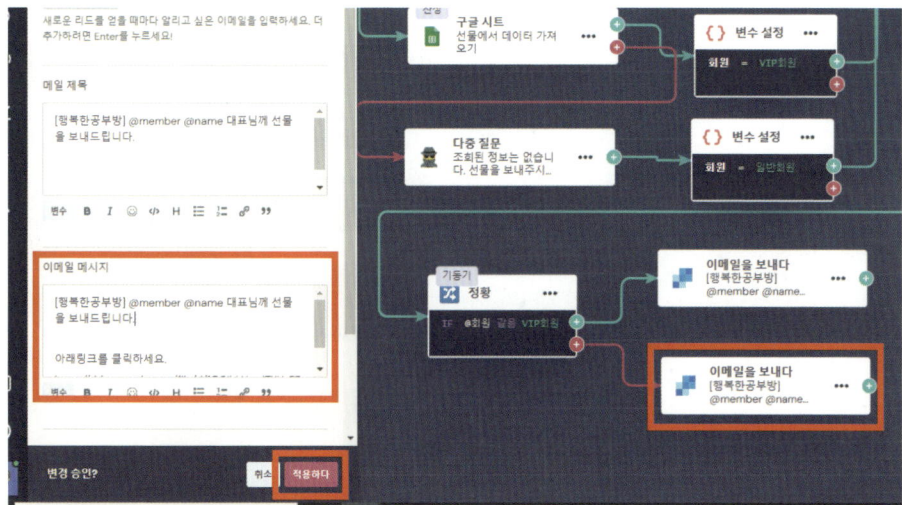

이메일 메시지만 수정하면 됩니다.

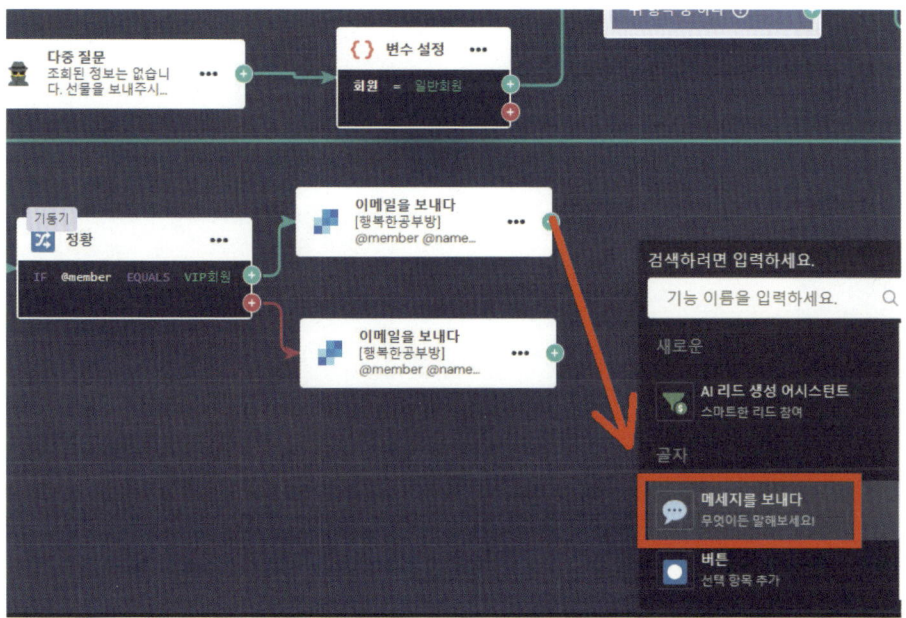

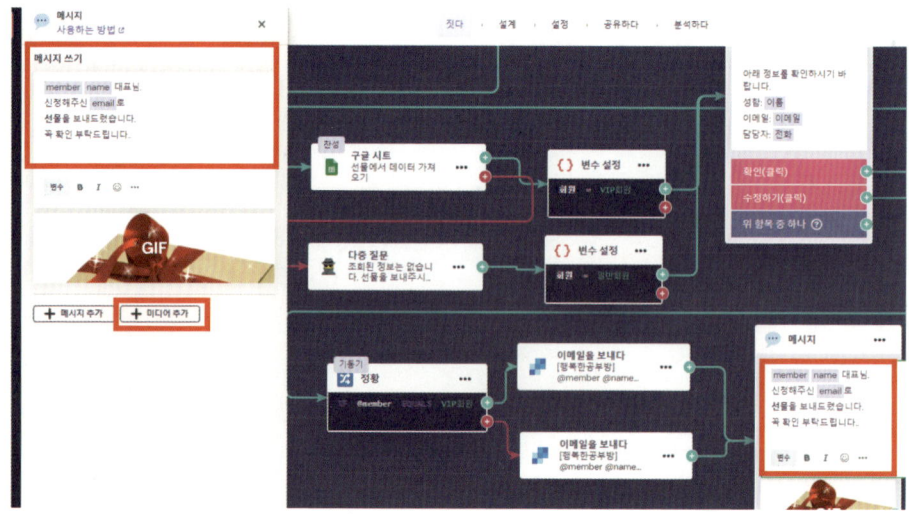

send a message (메시지를 보내다)를 클릭하고 메시지를 씁니다.

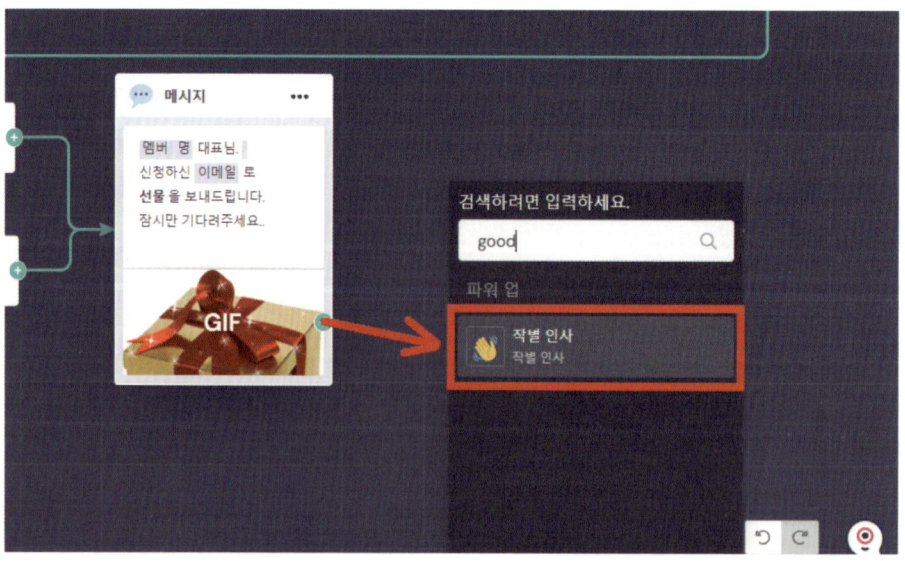

good bye(작별 인사) 클릭

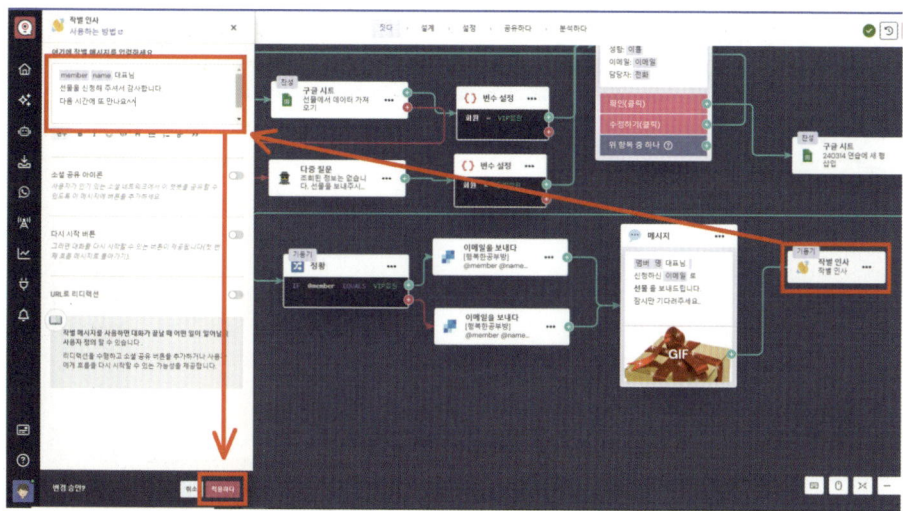

메시지를 쓰고, 적용하다 클릭

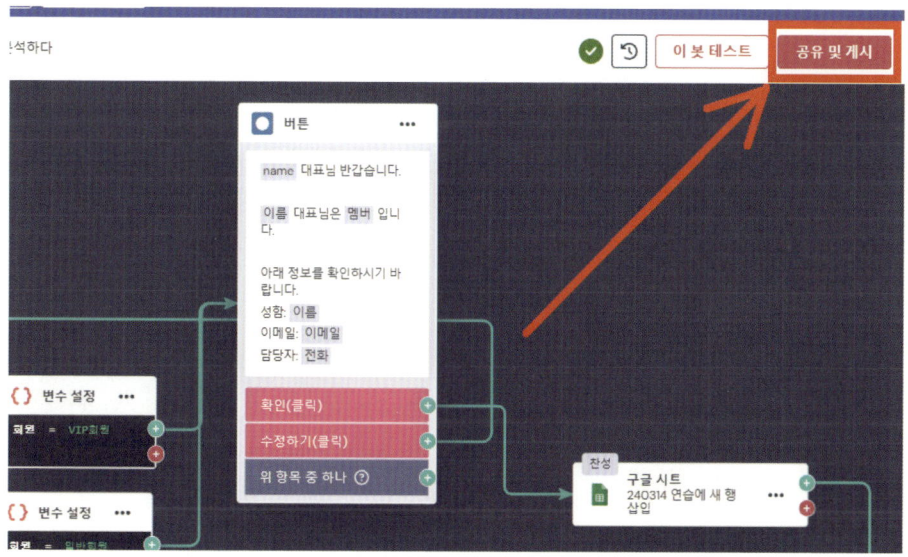

퍼블리시 (공유 및 게시)를 누르고, 링크를 복사합니다.

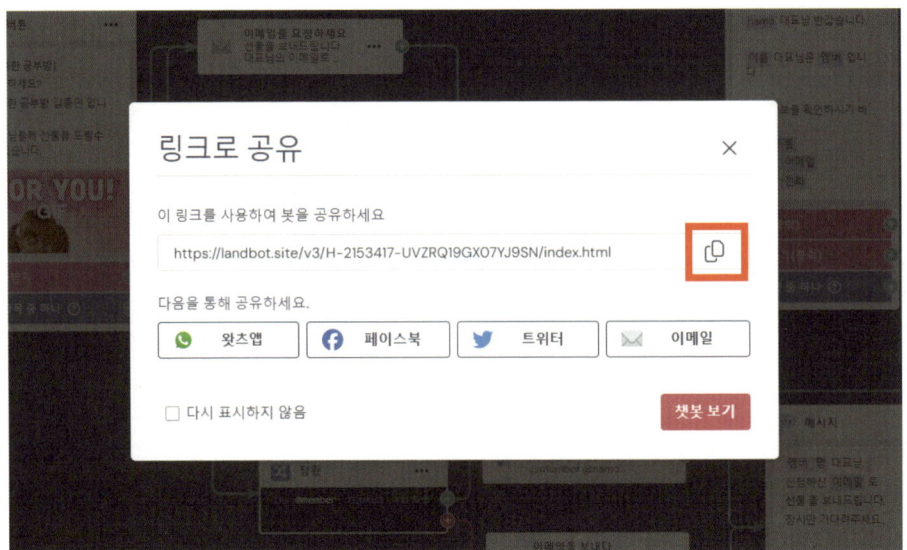

제3장

랜드봇으로
나만의 비서 만들기

랜드봇 활용 실전

3-1　　　　　　　　　　　　　　　　DB 수집비서

SNS에 내가 하고 있는 무료강의나 무료 정보에 대한 글을 쓴 뒤, 랜드봇 비서로 DB수집을 하게 합니다. 내가 신경 쓰지 않아도, 신규 고객이 유입됩니다.

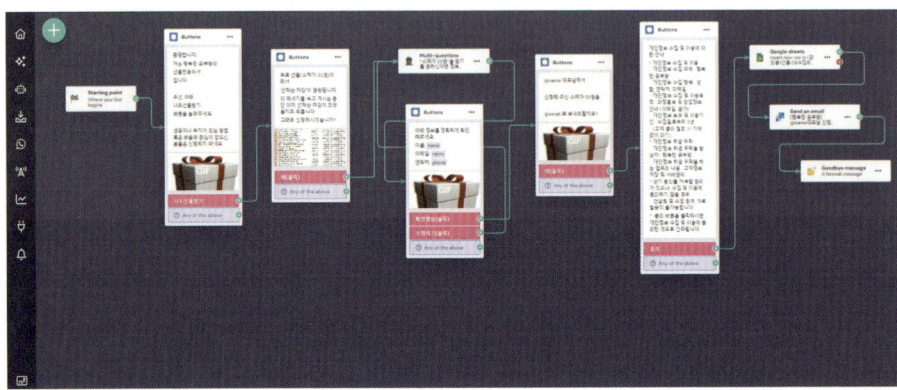

전체로직도

DB 수집비서 체험하기

간다 마사노리의 '고자세 마케팅' 기법처럼

'저는 손님이 사지 않아도 상관없습니다.'라는 뉘앙스를

넌지시 풍기면 좋습니다.

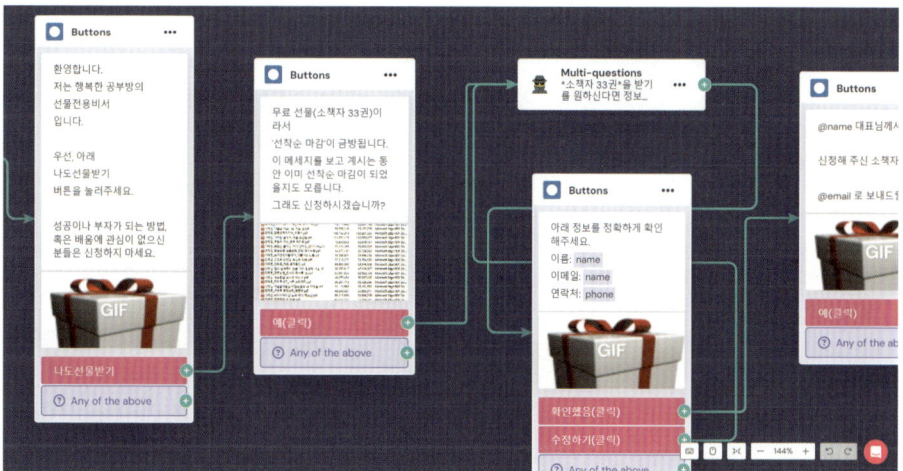

고객의 DB을 받기 위해서

'선착순 마감'이라는 단어로 긴급성을 조성합니다.

고객은 DB를 그냥 주지 않습니다.

대의명분 (소책자 전달)이 있어야 합니다.

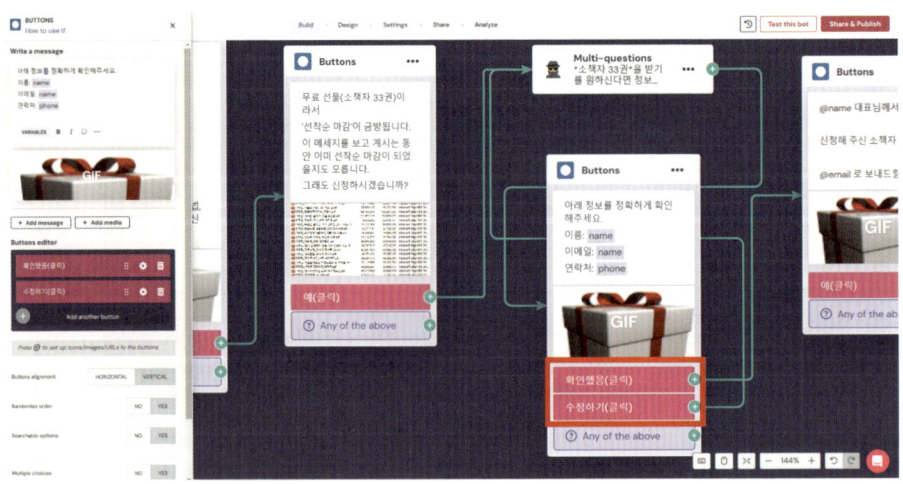

확인 및 수정 버튼을 만듭니다.

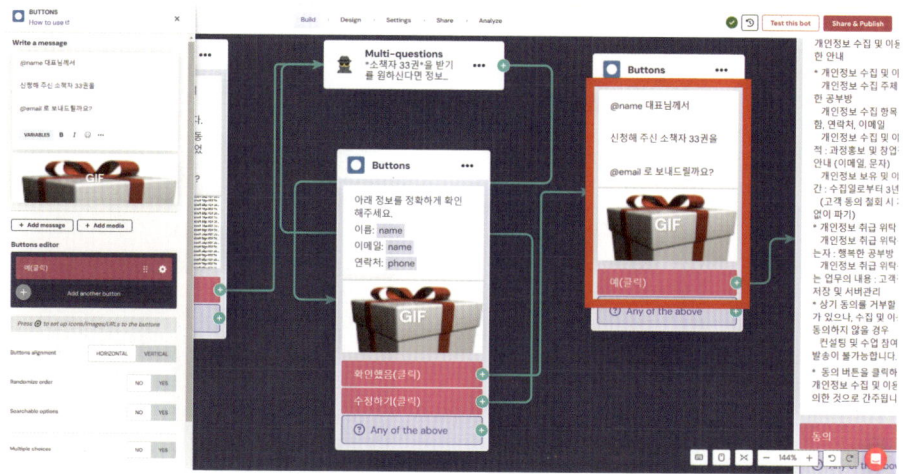

고객이 "예"라고할 수 밖에 없는 '폐쇄형 질문'을 합니다.

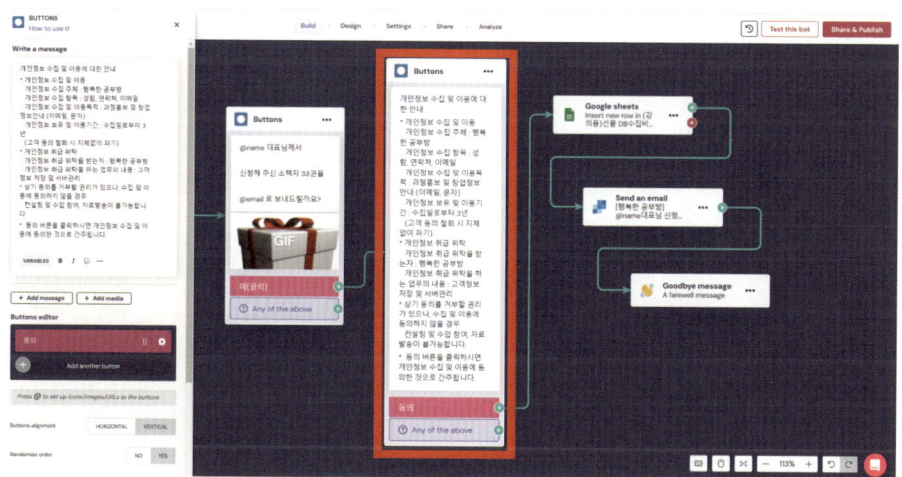

개인정보 수집 동의를 받습니다.

소책자를 받기 위해서 여기까지 온 고객들은 대부분 '동의'합니다.

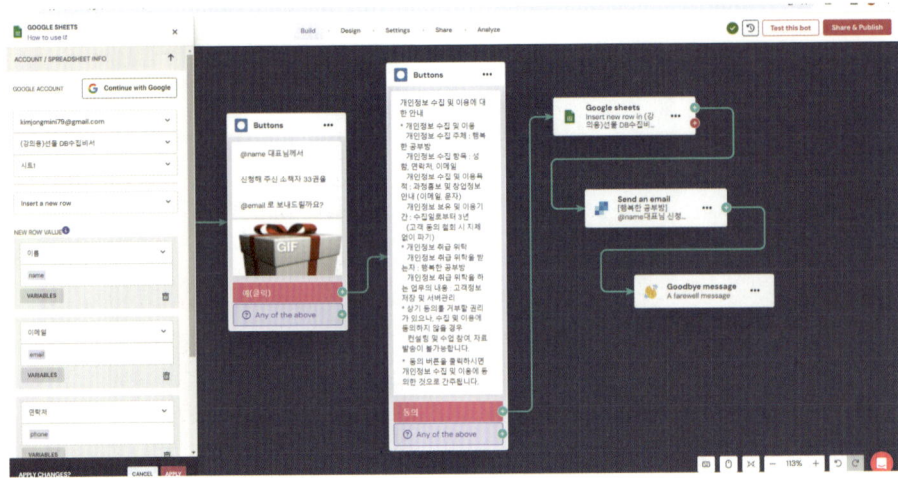

구글 시트로 고객의 DB를 수집합니다.

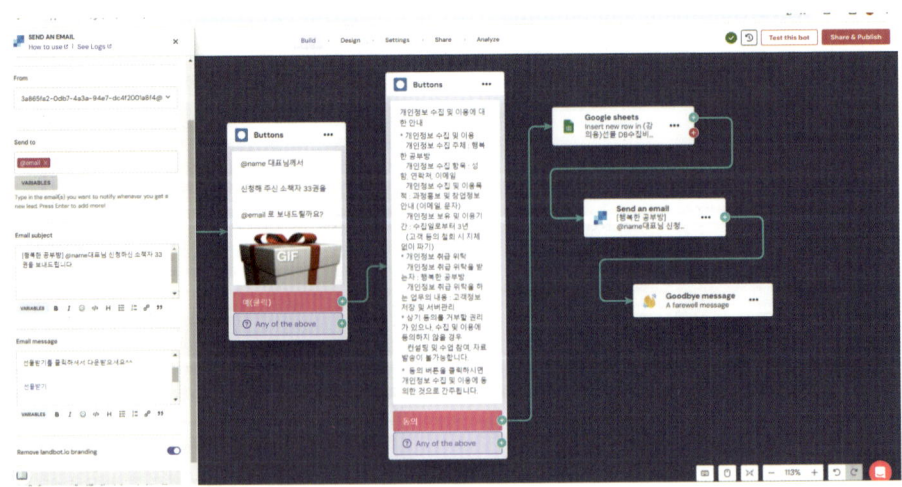

선물을 받을 수 있는 링크를 자동으로 발송합니다.

(링크 만드는 법은 4-1 하이퍼링크 만들기에서 자세히 알려드릴게요.)

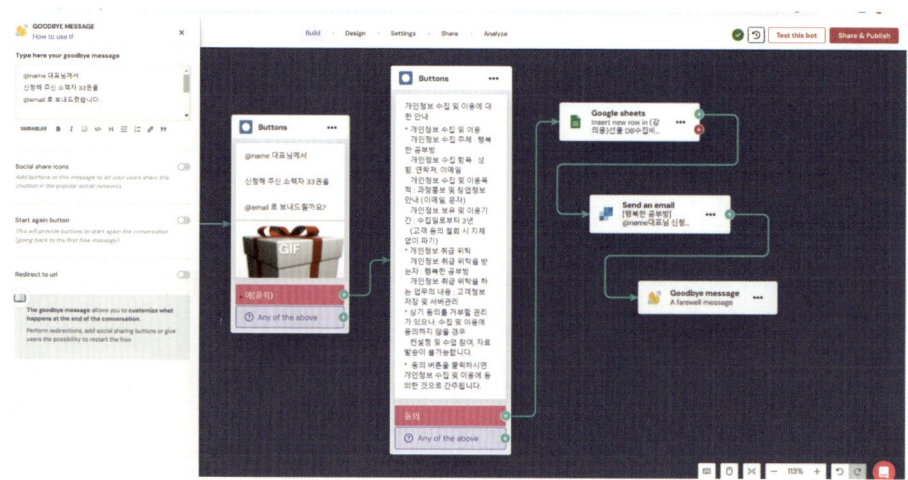

good bye(작별 인사)로 메시지를 보냅니다.

3-2　　　　　　　　　　　　　　　　강의신청비서

무료 강의 혹은 유료 강의를 신청하는 고객들에게 자동으로 강의 링크를 보내주고, DB 또한 수집합니다.

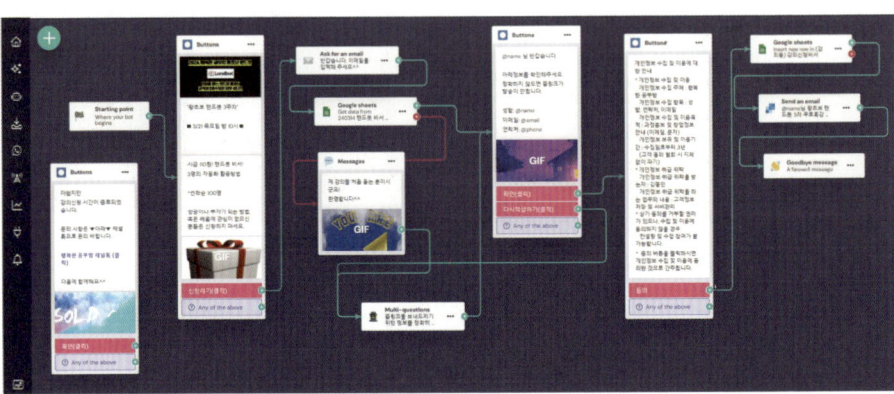

전체로직도

강의신청비서 체험하기

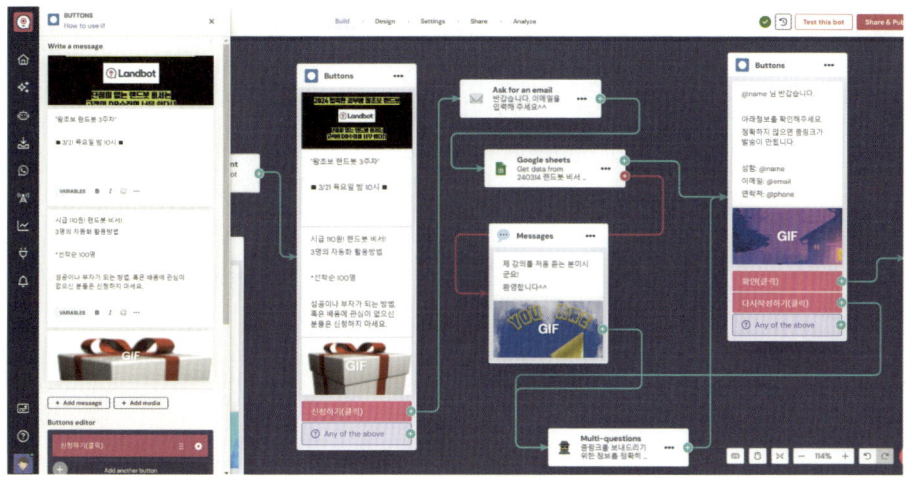

긴급성 조성을 위해 선착순이라고 적어줍니다.

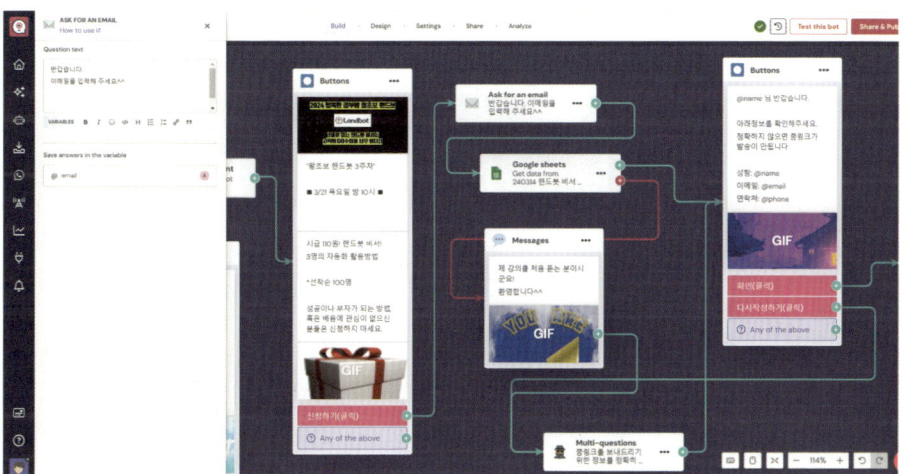

이메일을 기준으로, 데이터를 가져옵니다.

기존의 데이터를 가져올 때는 구글 시트에서 get data from the sheet를 사용합니다.

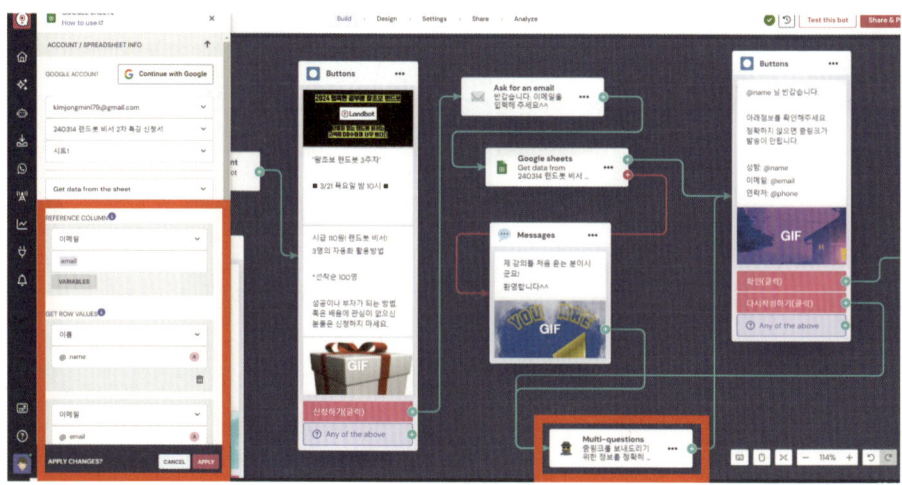

레퍼런스로 이메일을 잡아주고, 내가 원하는 데이터를 가져옵니다.

기존 고객이라면 바로 응대

기존 고객이 아니라면 multi-question(다중질문)으로 DB를 수집합니다.

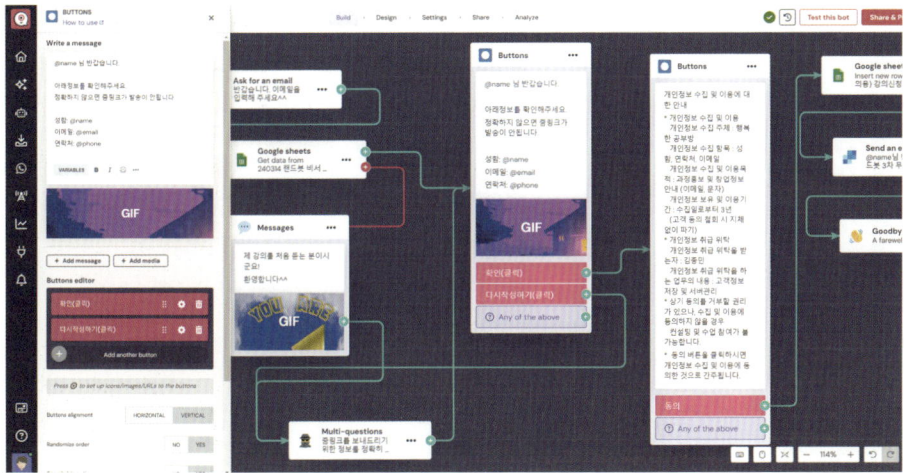

강의 신청하신 분들의 DB를 구글 시트에 받아줍니다.

기존 고객이라면 '반갑습니다.'라는 메시지가 나옵니다.

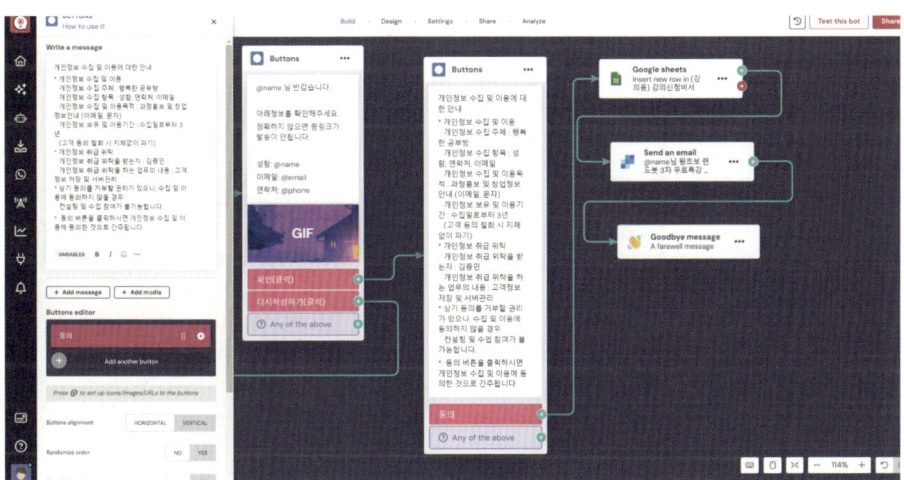

개인정보 활용 동의를 받아줍니다.

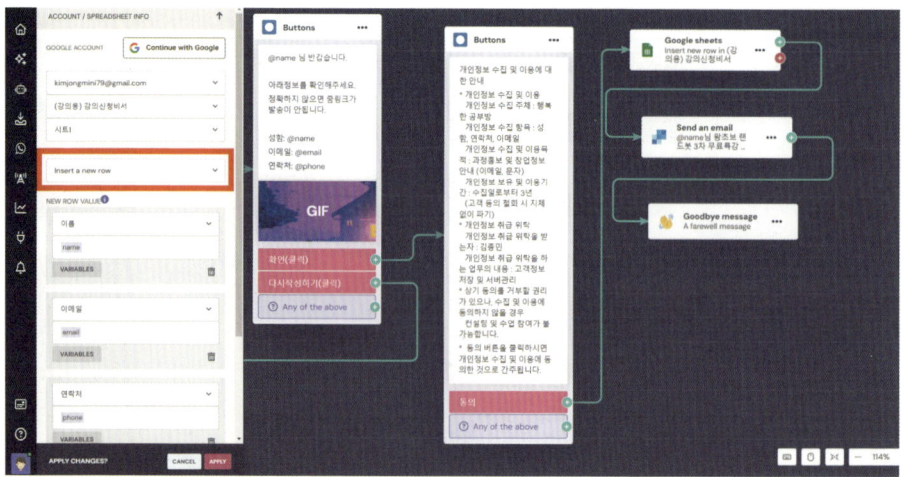

신청자들의 DB를 구글시트에 받아줍니다.

구글 시트에 정보를 넣을 때는 'insert a new row'로 설정합니다.

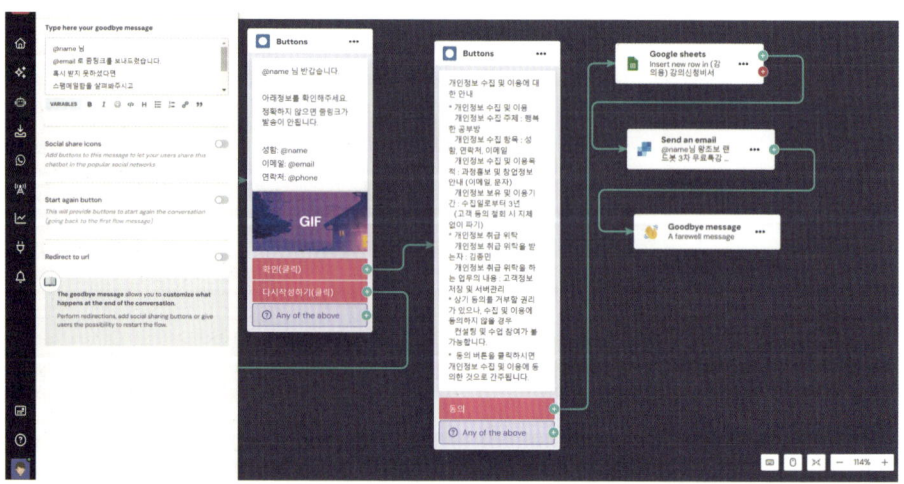

작성하면 자동으로 강의링크가 전송됩니다.

강의링크가 제대로 발송되었는지 본인의 이메일로 확인합니다.

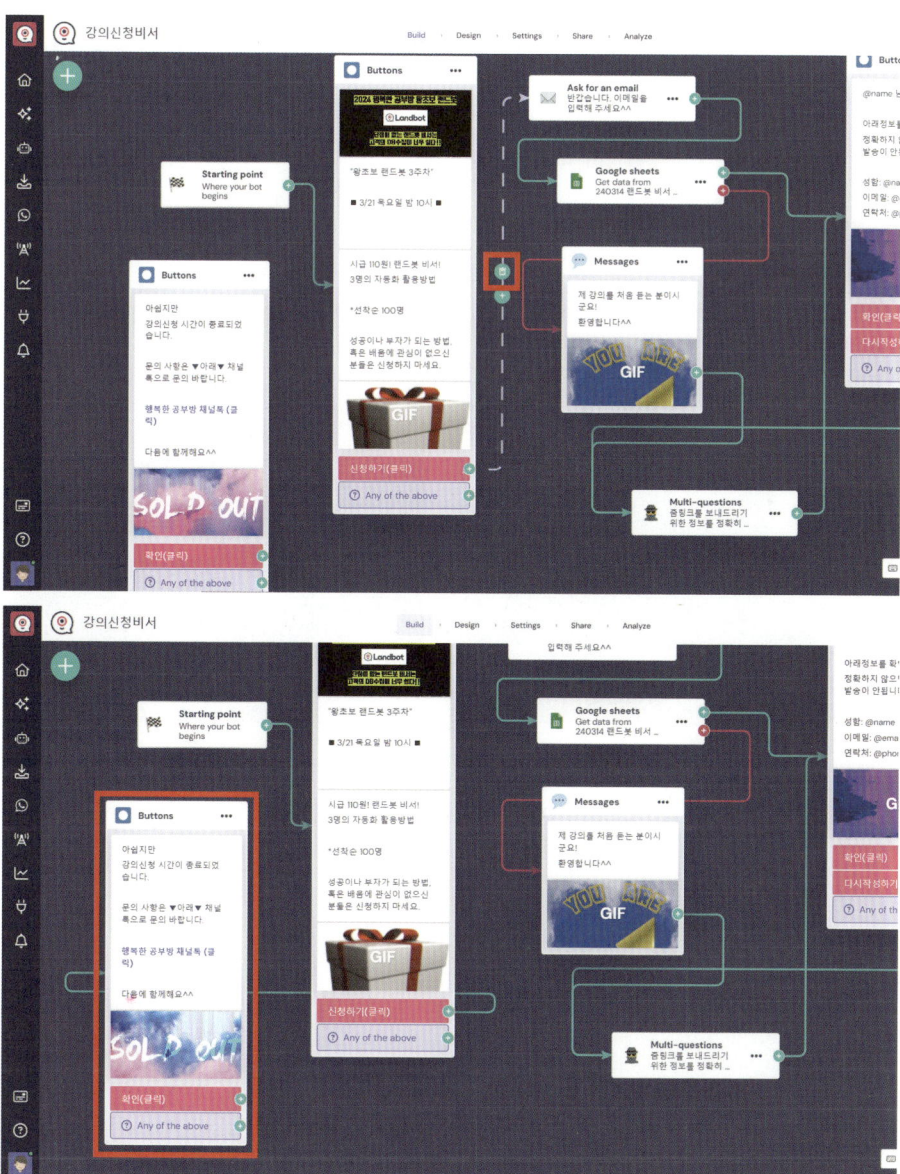

강의에 선착순 마감 혹은 시간 제한 등이 있는 경우, 휴지통 버튼을 눌러 연결이 안 되게 하거나, 신청 종료 알림으로 로직을 연결 할 수도 있습니다.

3-3   선물발송비서

신규로 유입된 고객들에게 선물을 자동으로 주는 봇입니다. 보통 단톡방 공지에 걸어두고, 자동으로 선물이 발송되게 합니다.

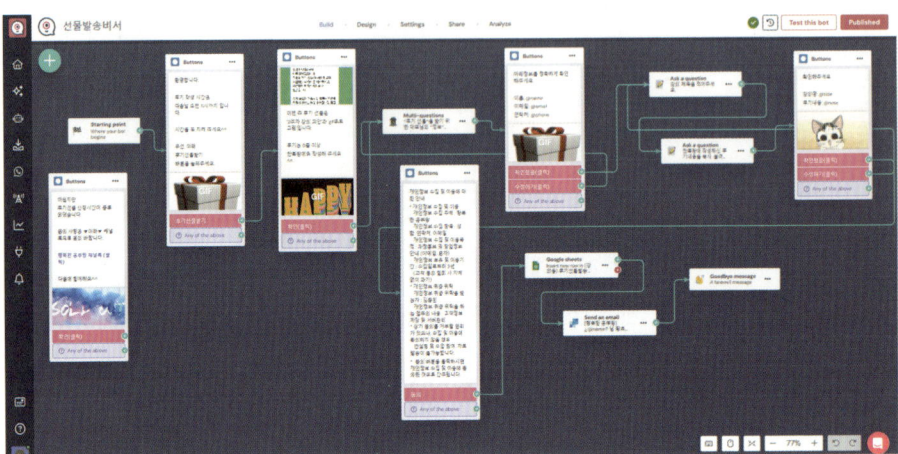

전체로직도

선물발송비서 체험하기

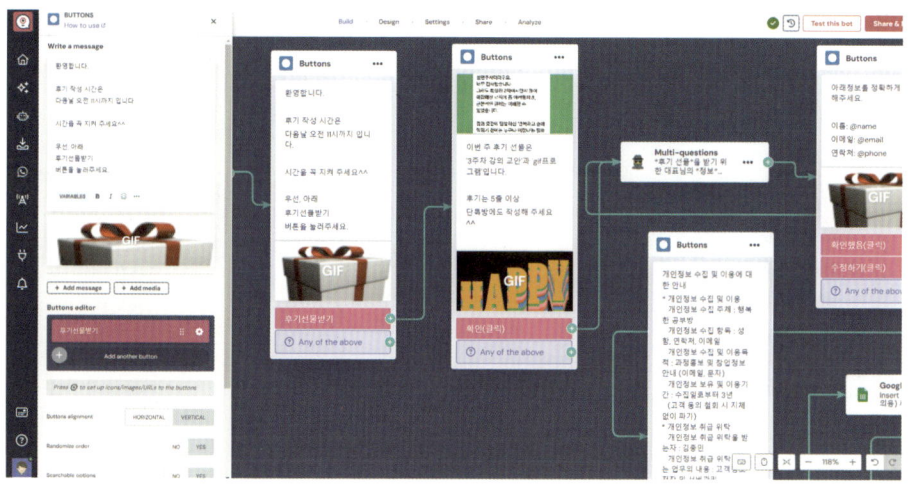

후기 작성 시간 제한이 있다면 알려줍니다.

선물의 내용과 후기 작성방법 등을 자세히 설명해줍니다.

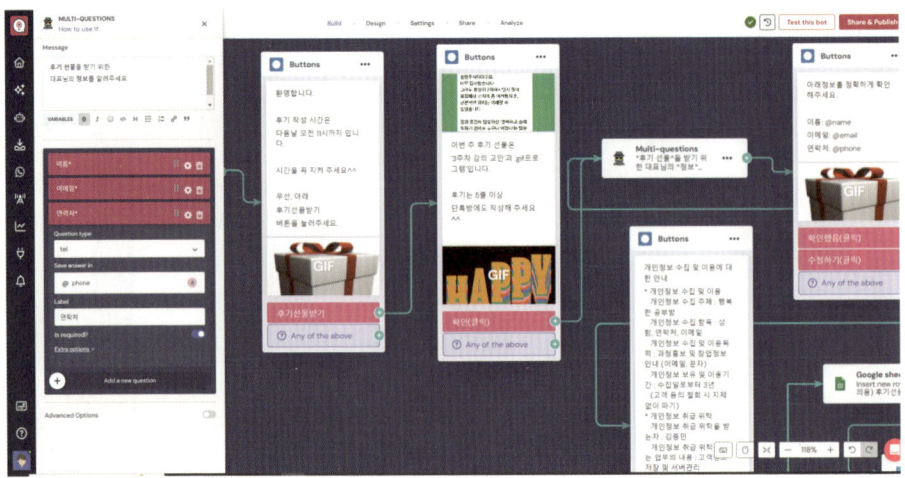

후기 작성 고객의 DB를 수집합니다.

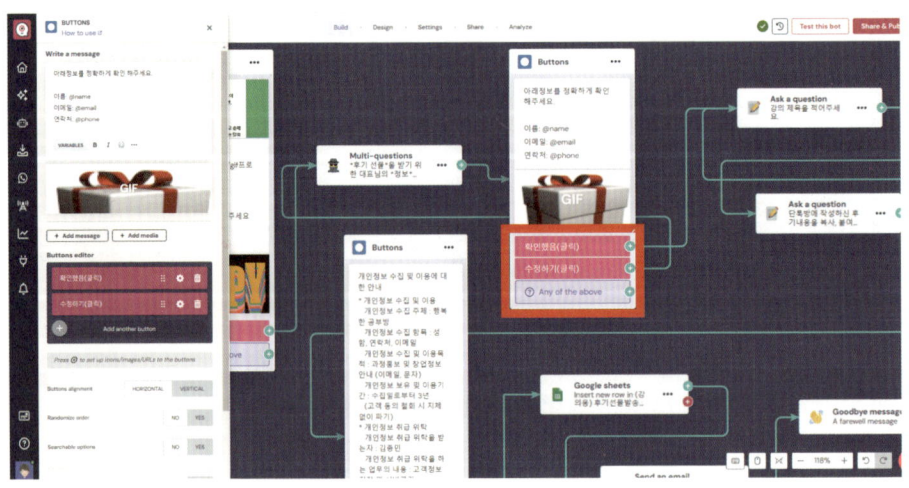

확인 및 수정 버튼을 만듭니다.

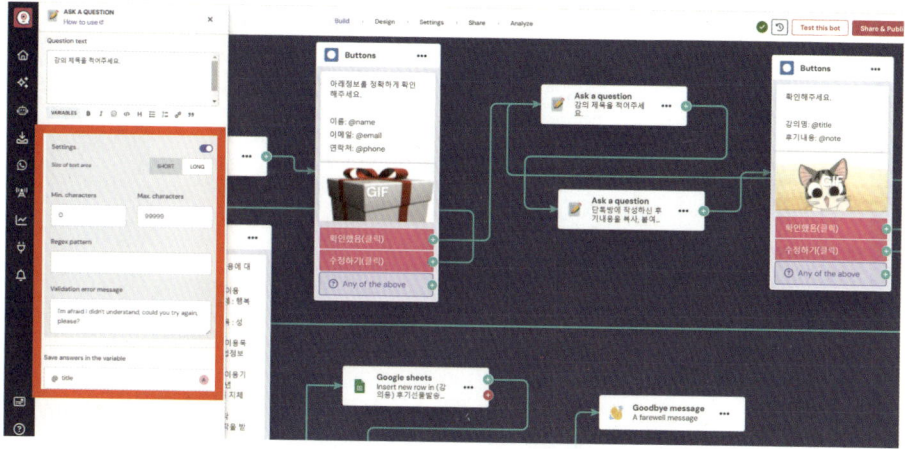

강의 제목을 입력하고, setting (설정)을 활성화합니다.

size of text area(글 영역 사이즈)는 long 으로 설정합니다.

가장 아래의 변수는 @title로 설정합니다.

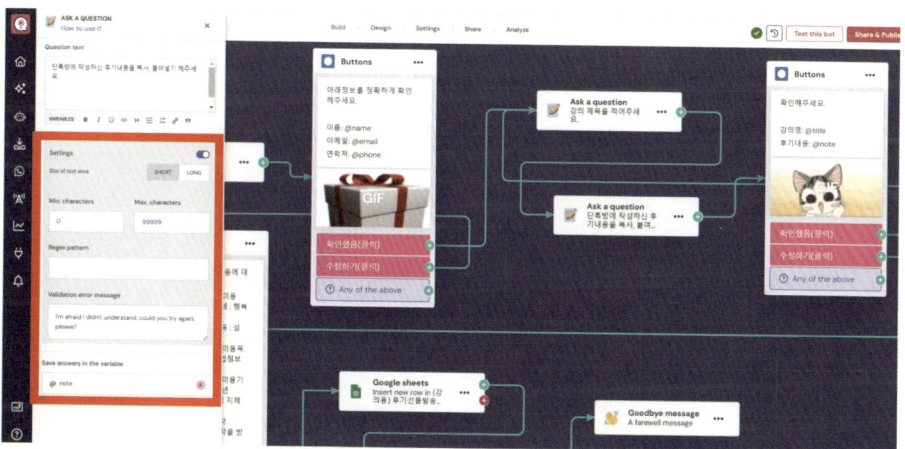

후기 내용 입력을 요청합니다.

마찬가지로 셋팅을 활성화하고, size of text area(글 영역 사이즈)는 long 으로 설정합니다. 가장 아래의 변수는 @note로 설정합니다.

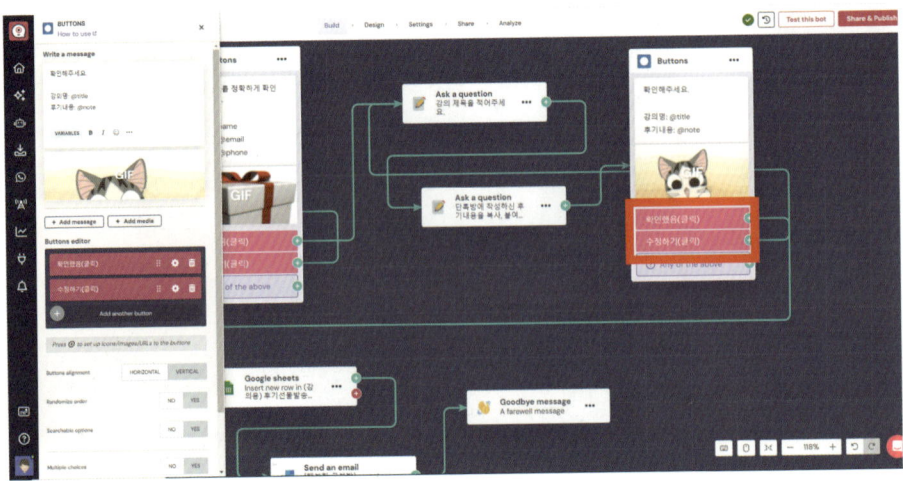

확인 및 수정 버튼을 만듭니다.

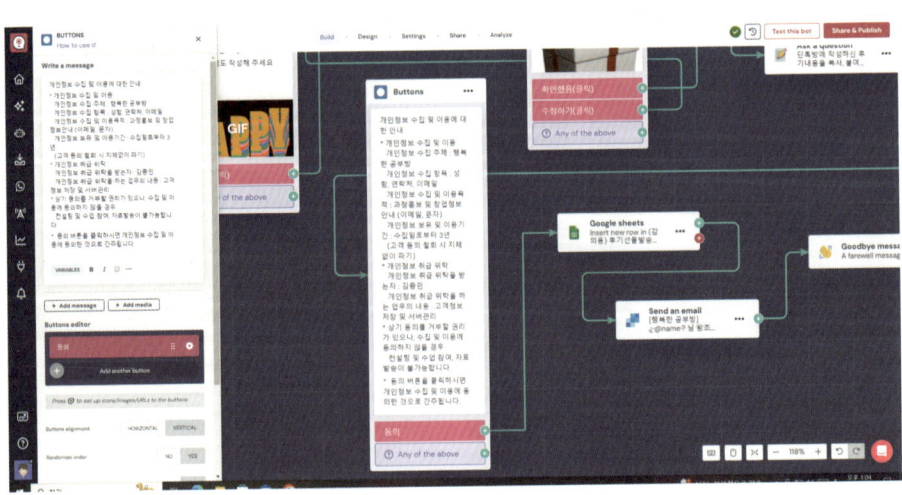

개인정보 활용 동의를 받습니다.

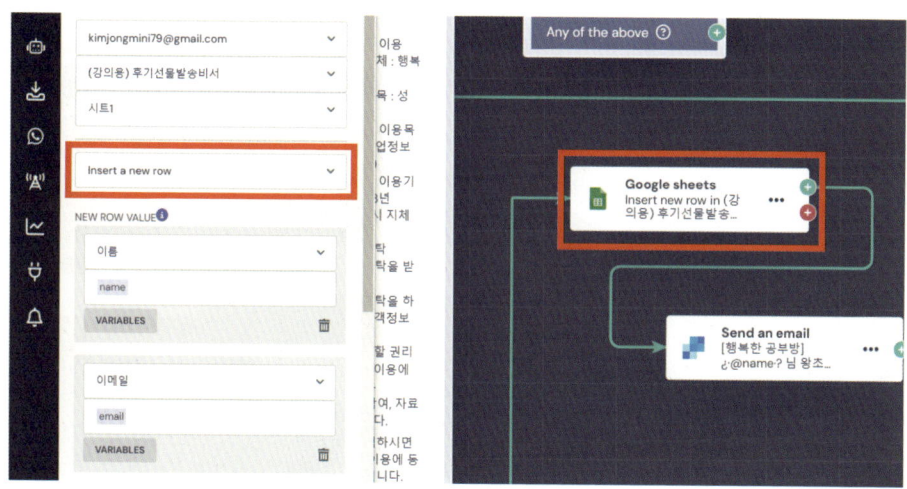

고객의 DB를 수집합니다.

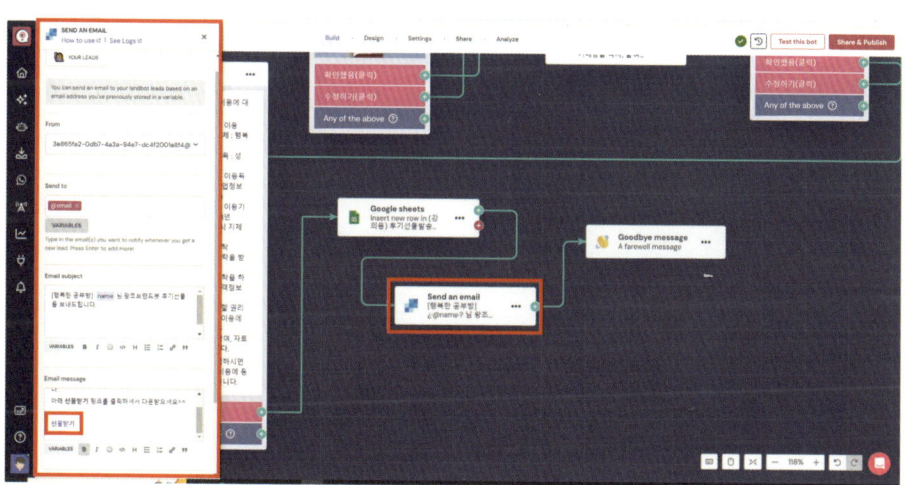

후기 선물이 자동으로 발송됩니다.

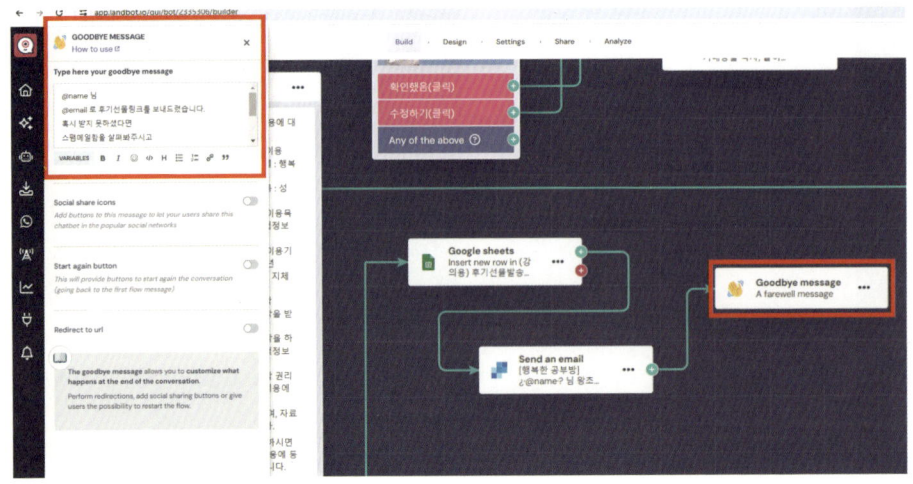

후기 선물 발송 확인을 합니다.

3-4　　　　　　　　　　랜드봇의 꽃, 영업비서

유료 강의 런칭 때 사용합니다. 사람이 직접 판매하는 것보다 영업봇이 판매하면 더 자연스러울 뿐만 아니라 방어기제도 덜 올라옵니다. 심지어 업셀과 다운셀이라는 고급 세일즈 스킬도 사용할 수 있습니다.

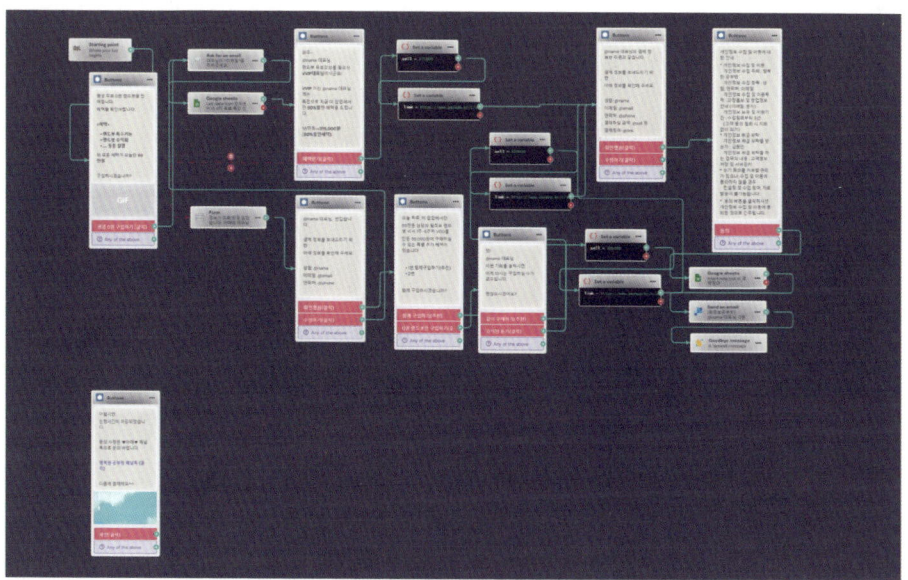

전체로직도

영업비서 체험하기

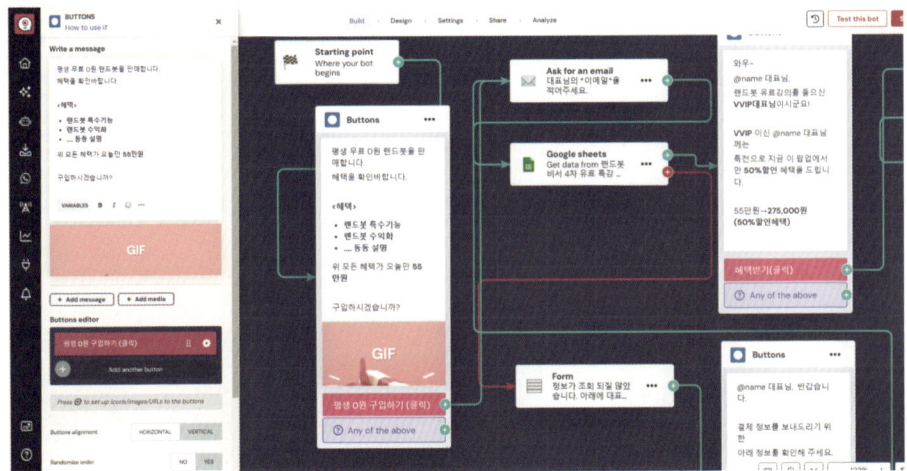

설명과 혜택을 적습니다.

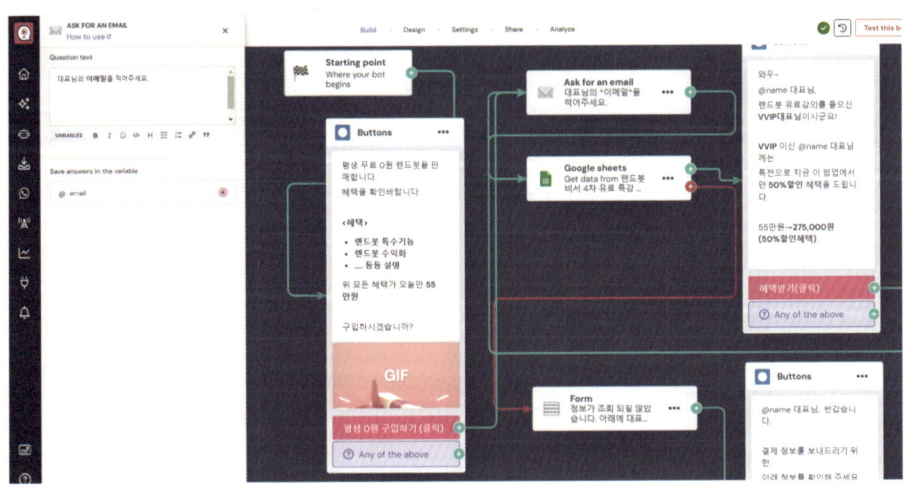

이메일을 레퍼런스로 잡습니다.

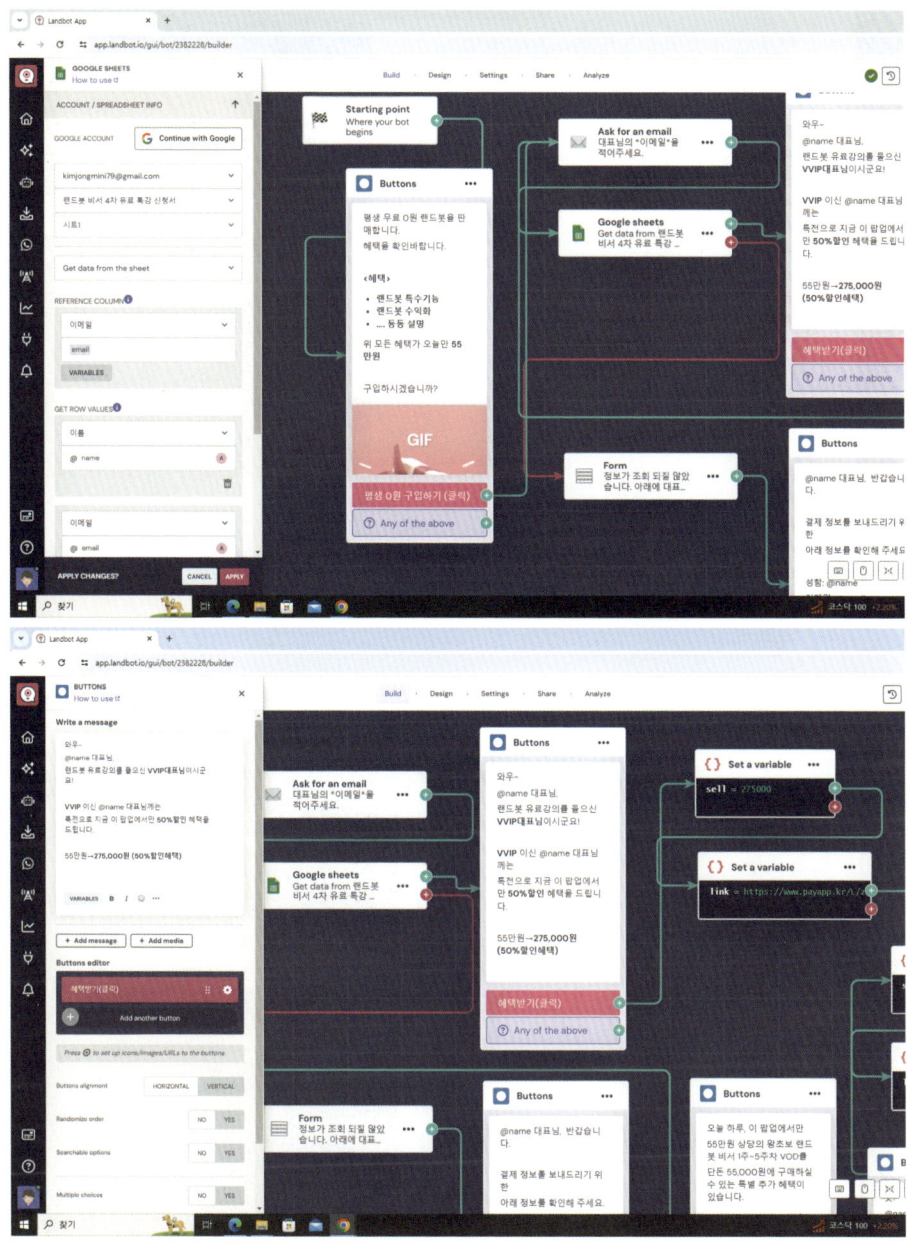

특정 고객에게만 50% 할인을 제안할 수 있습니다.

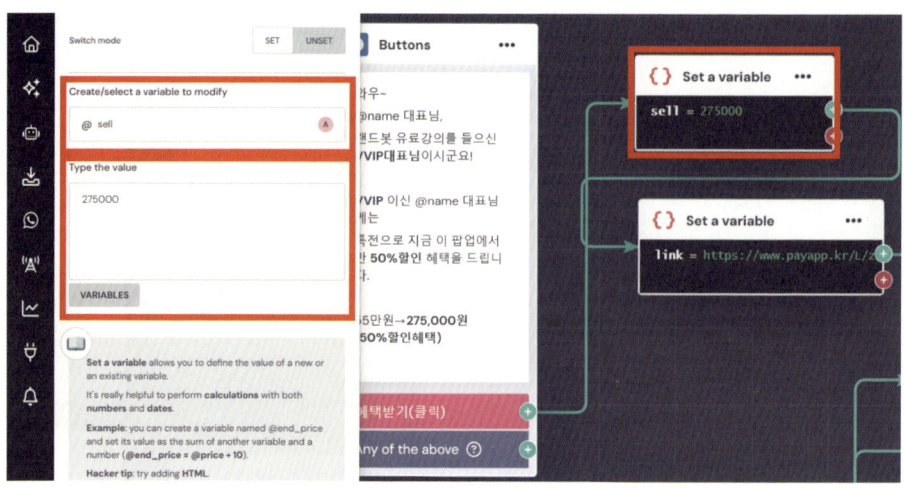

'@sell'로 변수를 설정합니다.

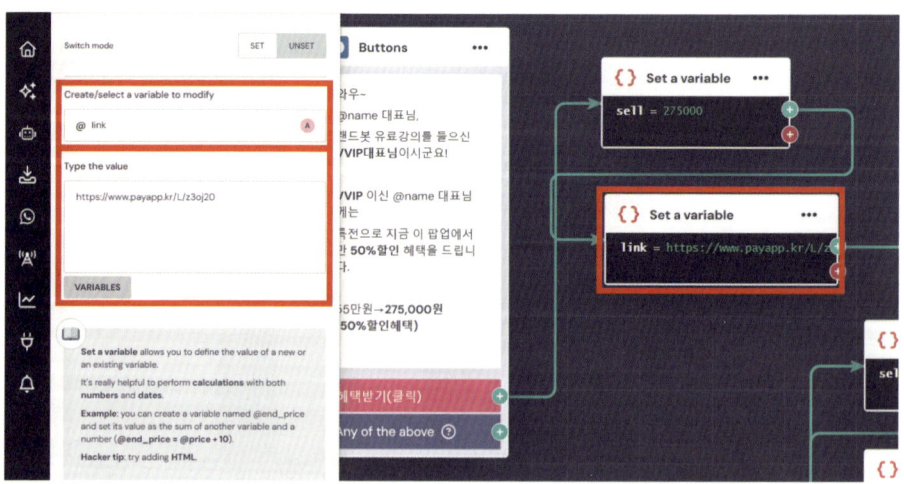

변수에 맞는 결제링크로 자동 연결됩니다.

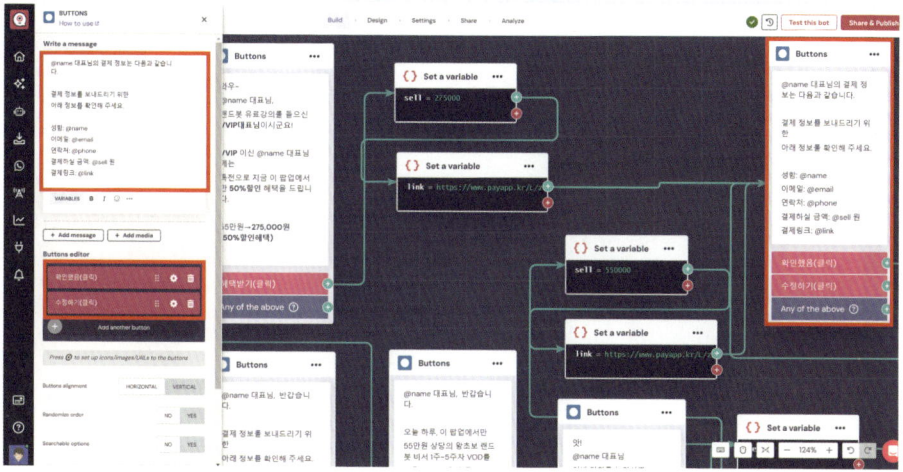

정보 입력 → 확인하기 클릭

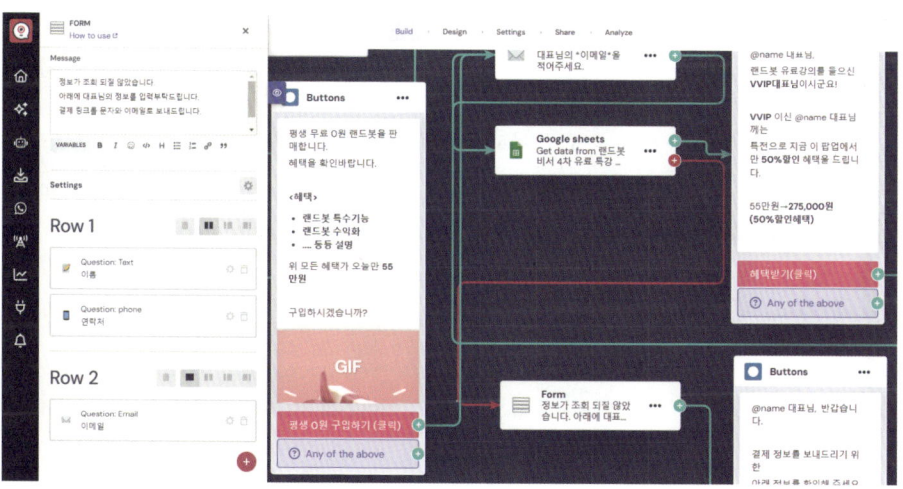

만약 구글시트에 없는 고객이라면 DB를 수집합니다.

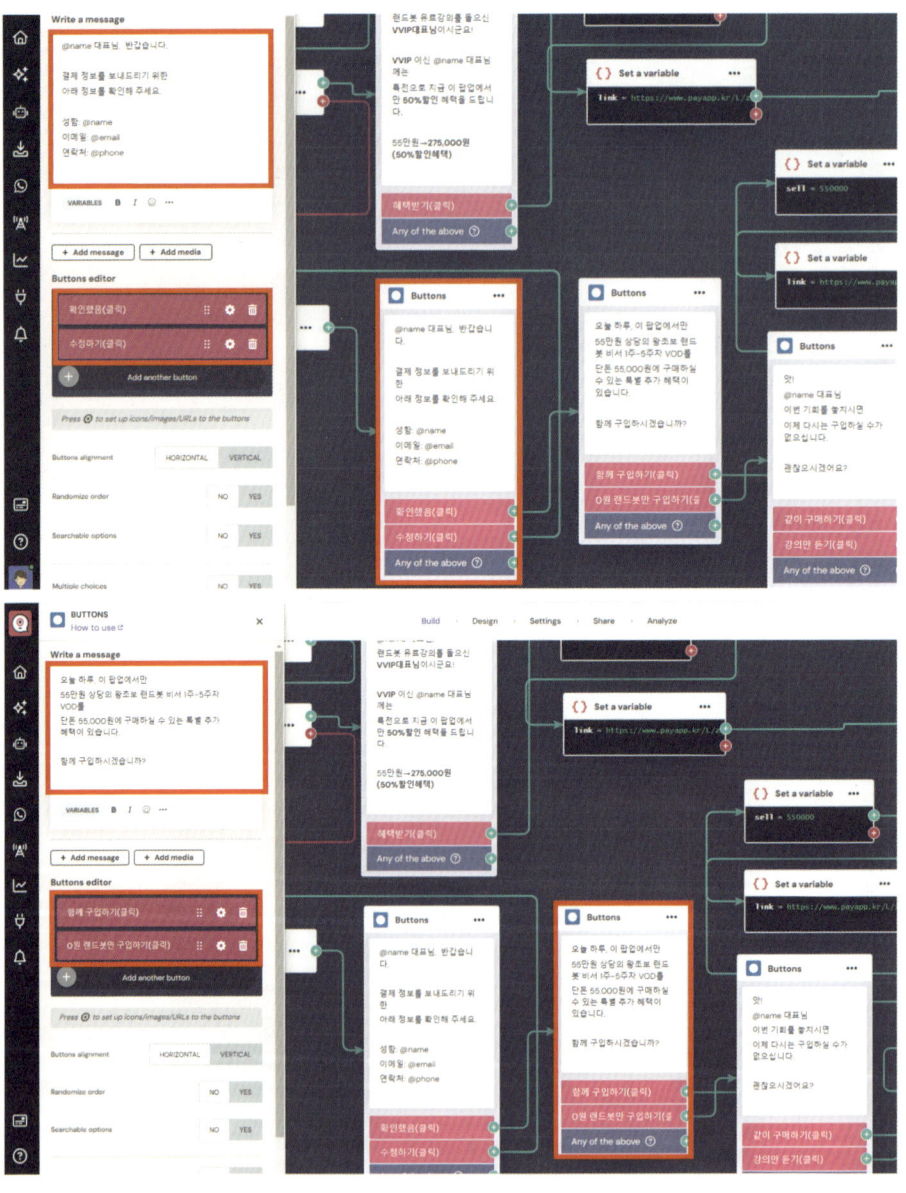

정보 확인 후 업셀을 제안합니다.

'단돈', '특별 추가 혜택', '함께 구입하기(추천)' 등의 문구로 세일즈 합니다.

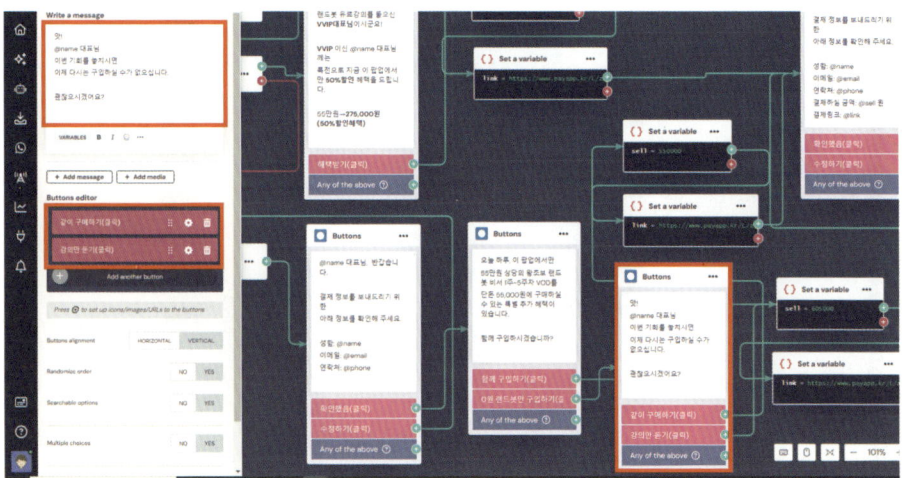

거절하면 한번 더 제안합니다.

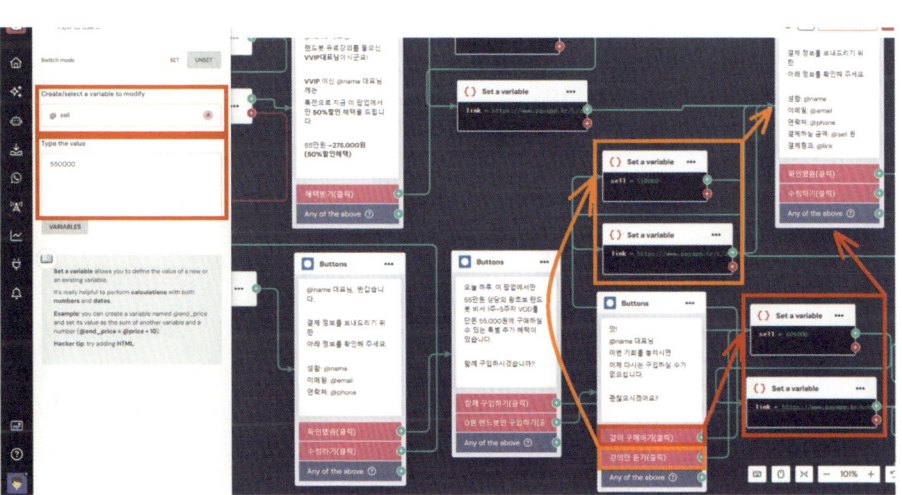

각각의 금액과 링크로 변수를 생성합니다.

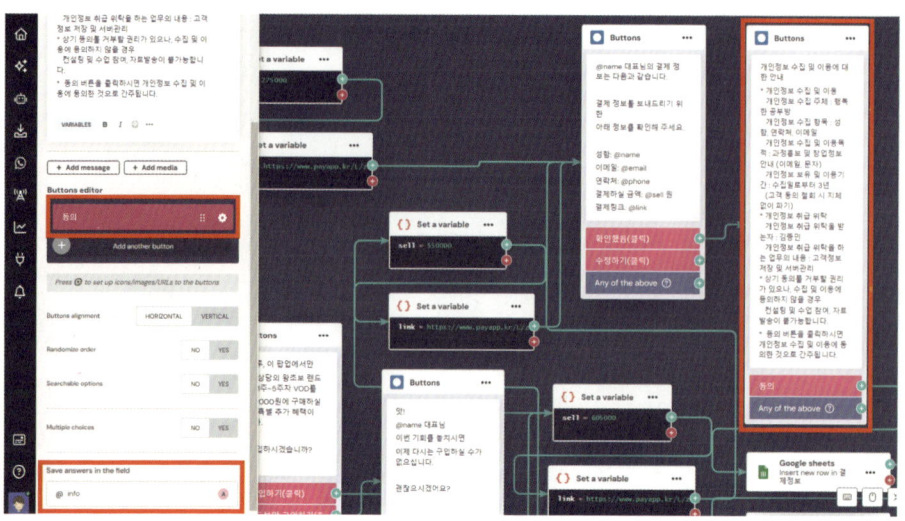

정보 활용 동의도 'info'로 변수를 설정합니다.

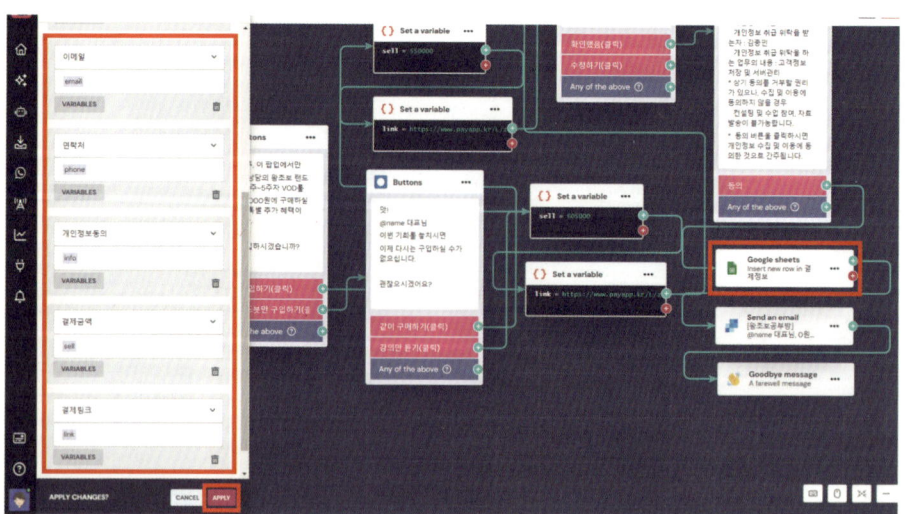

구글 시트에 있는 각 내용과 변수를 설정합니다.

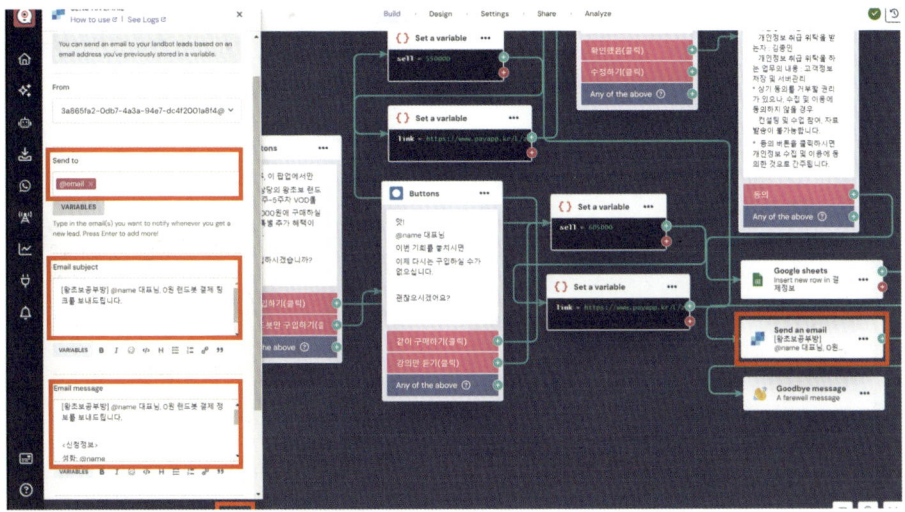

결제정보를 담은 이메일을 보냅니다.

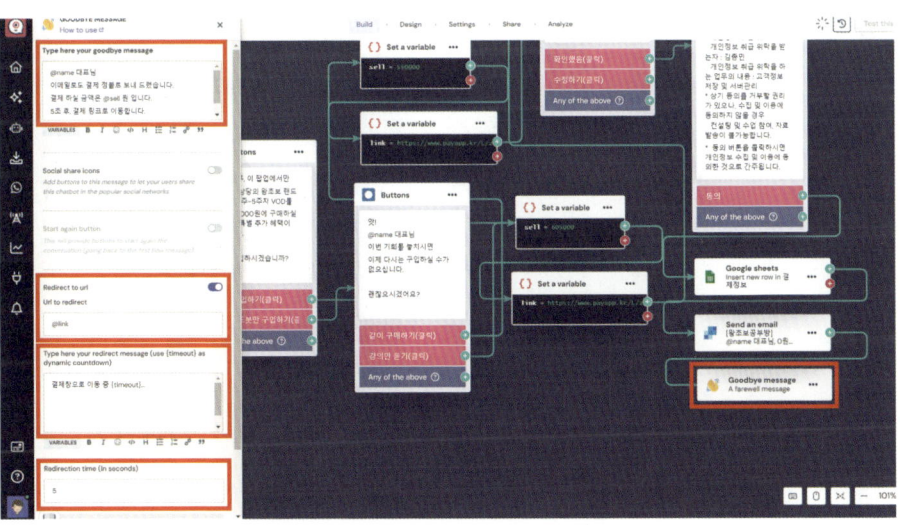

곧바로 결제링크도 보냅니다. 체결율이 확 올라갑니다.

3-5　　　　　　　　　　결제도 알아서?! 결제비서

결제 비서를 잘 셋팅해두면, 결제율이 올라갑니다.

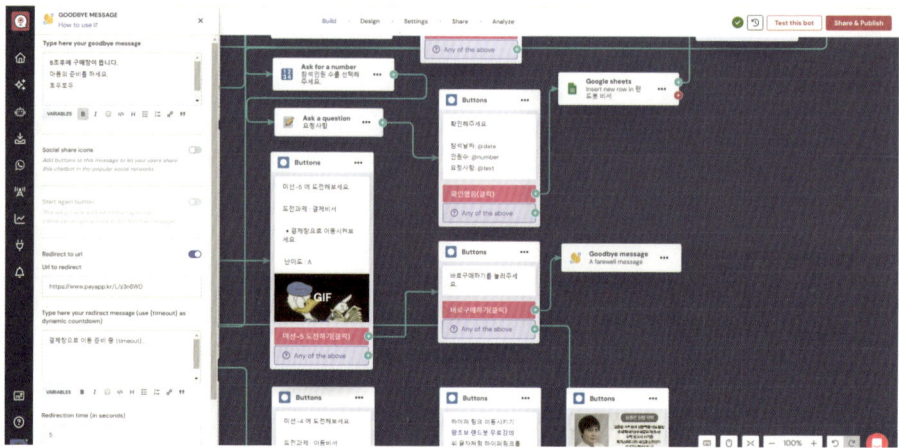

고객을 결제창으로 바로 이동시킬 수 있습니다.

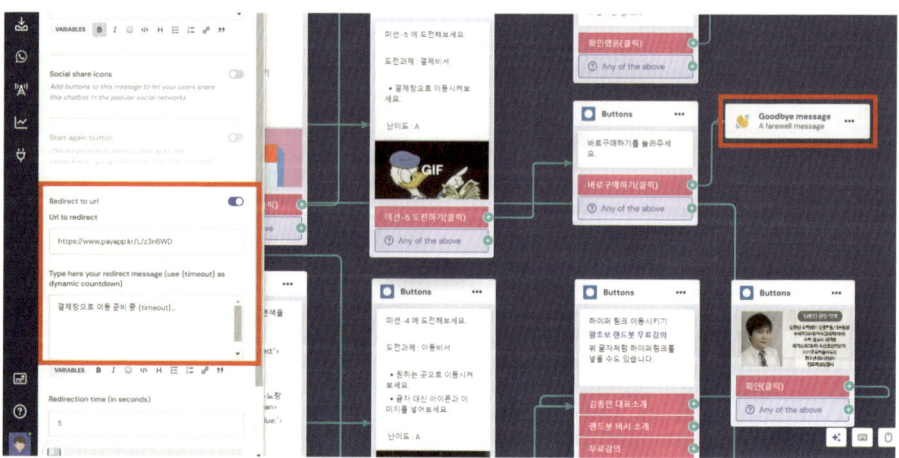

이동창을 활성화 시킨 후, 링크를 넣어줍니다.

결제창에 보여줄 멘트를 써줍니다. 이동 초수를 정해줍니다.

3-6　　　　　　　　　　　　　　　　힌트비서

　전화번호 입력할 때 '-'(하이픈)을 쓰면 자동화가 안 됩니다. 그래서 고객들에게 내가 원하는 양식으로 작성하게끔 힌트를 주는 것이 목적입니다. 그래서 회색글자로 예시를 보여줍니다. 함께 만들어 보겠습니다.

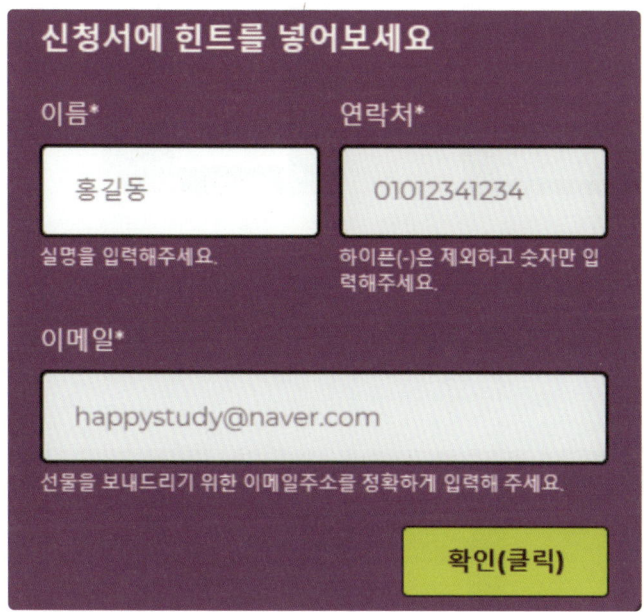

힌트비서 체험하기

+를 눌러서 form을 선택해줍니다.

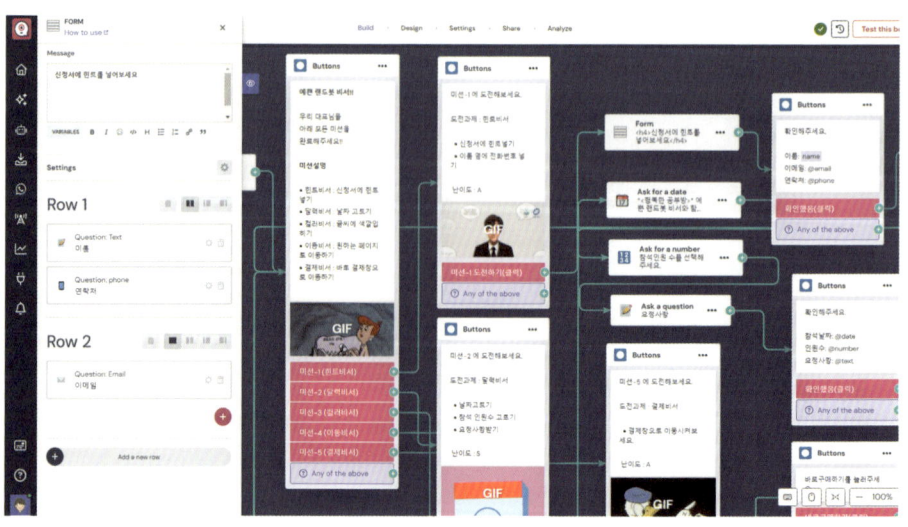

문구를 넣어줍니다.

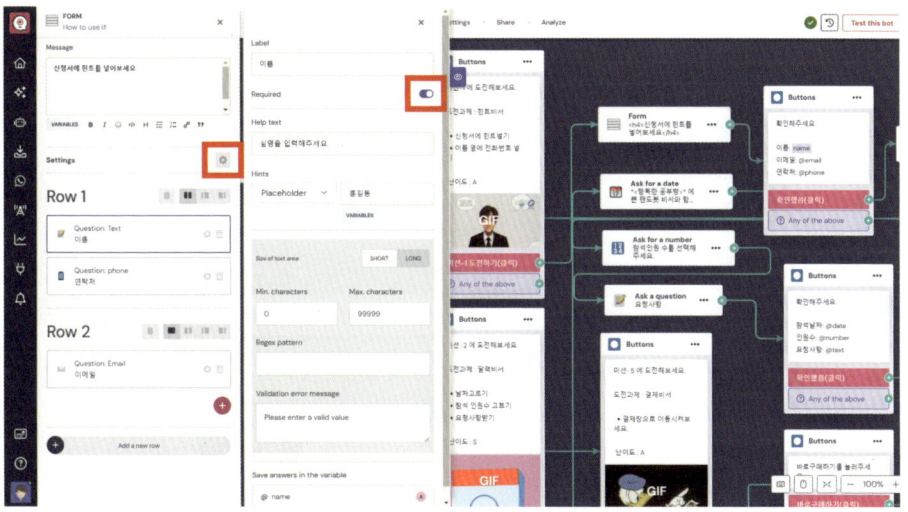

톱니바퀴를 누르고, 건너 띄기 버튼을 비활성화합니다.

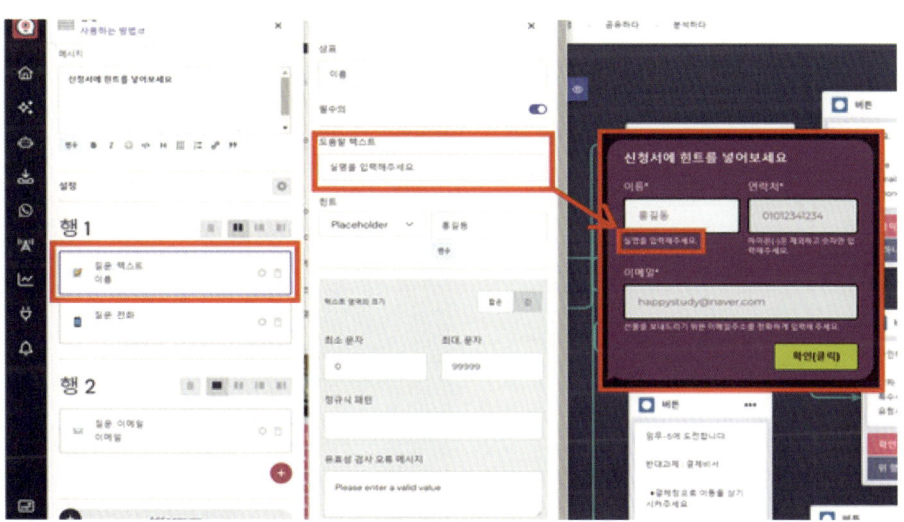

도움말 텍스트는 아래 설명처럼, 작은 글씨로 써집니다.

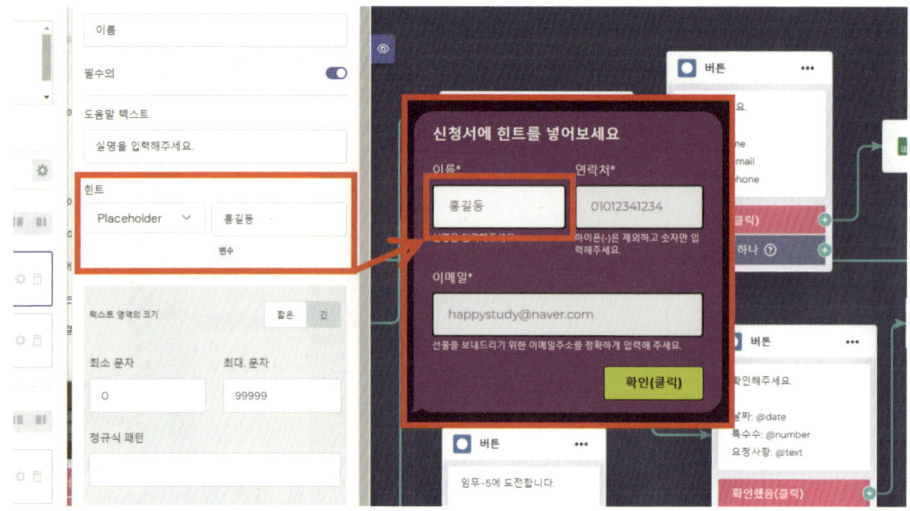

힌트 네모칸에 원하는 글씨를 넣으면 회색으로 표시가 됩니다.

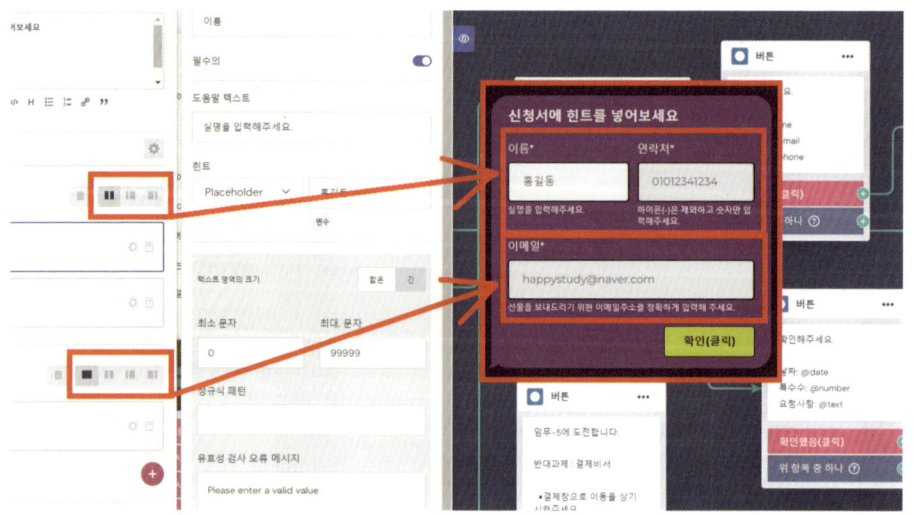

질문 위치와 배열을 정할 수 있습니다.

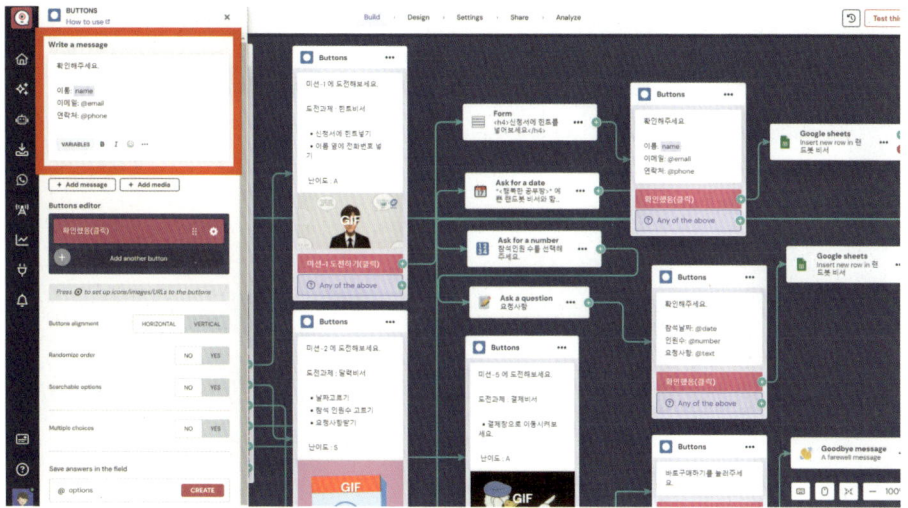

폼에서 넣은 정보를 확인해줍니다.

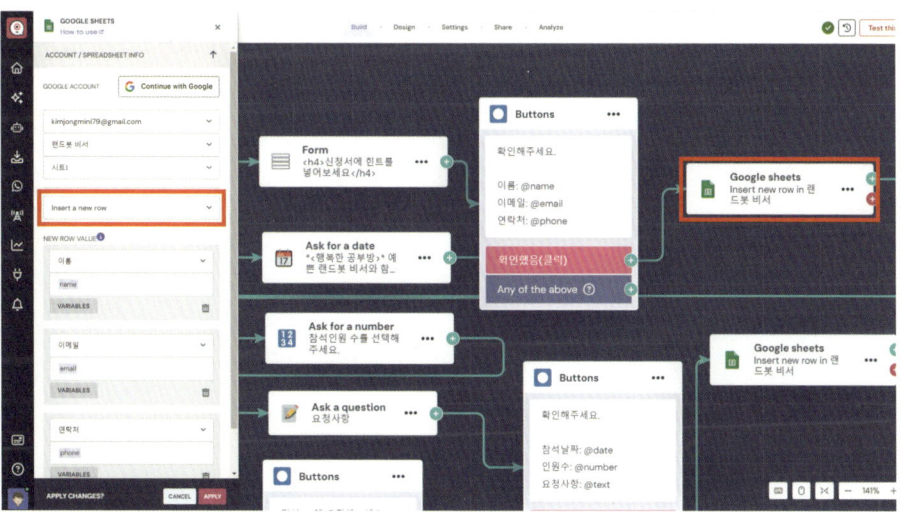

받은 정보를 구글 시트에 넣어줍니다.

115

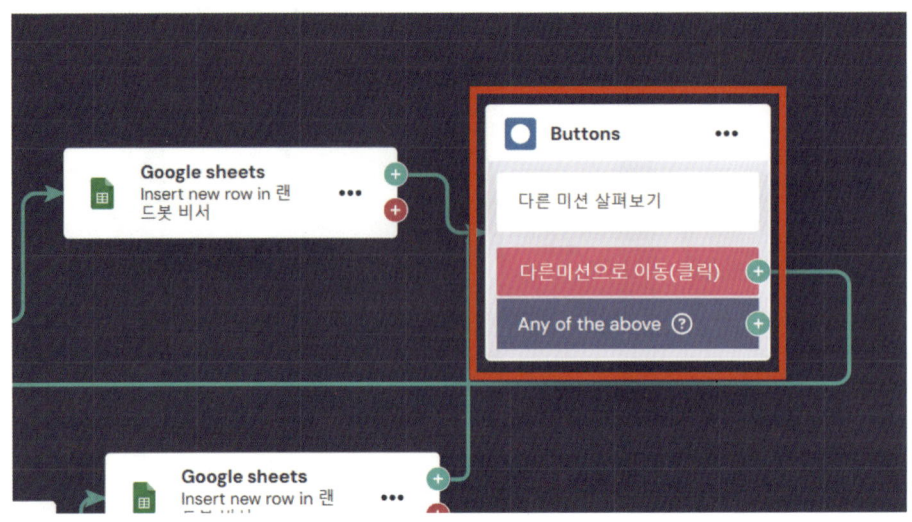

마지막 단계까지 오면, 다시 처음 화면으로 연결해줍니다.

3-7　　　　　　　　　　달력비서

약속(상담)등을 잡을 때 유용합니다.

날짜와 참석 인원수를 고를 수 있고, 요청 사항도 받을 수 있습니다.

일일이 연락해서 물어보면 힘들지만, 랜드봇으로 편하고, 확실하게 할 수 있습니다.

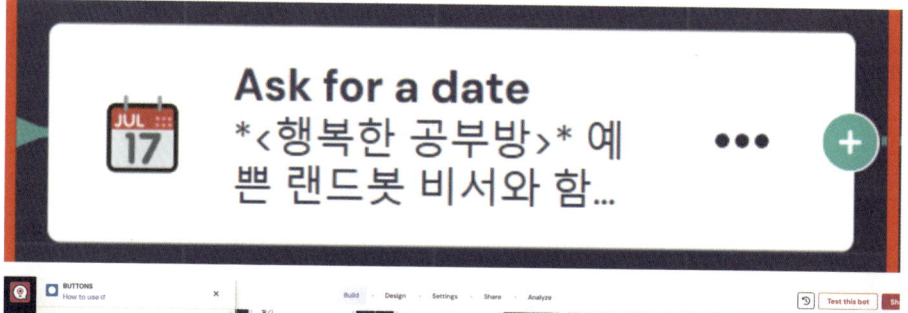

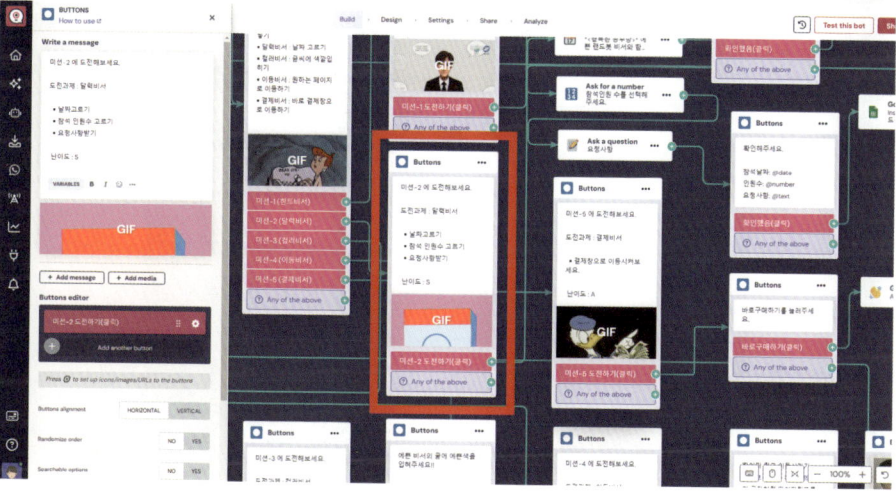

+를 버튼을 눌러, 'ask for a date'를 사용합니다.

세미나 내용을 써줍니다.

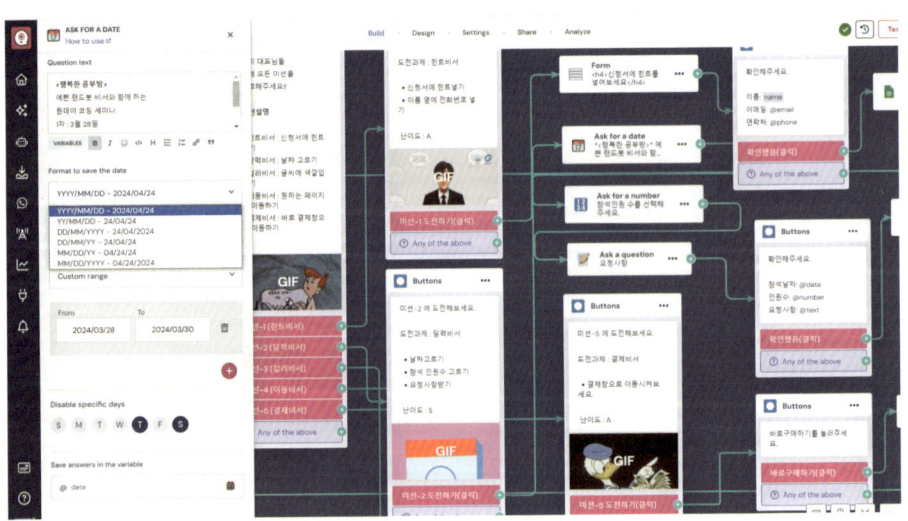

날짜가 표시되는 방법을 골라줍니다.

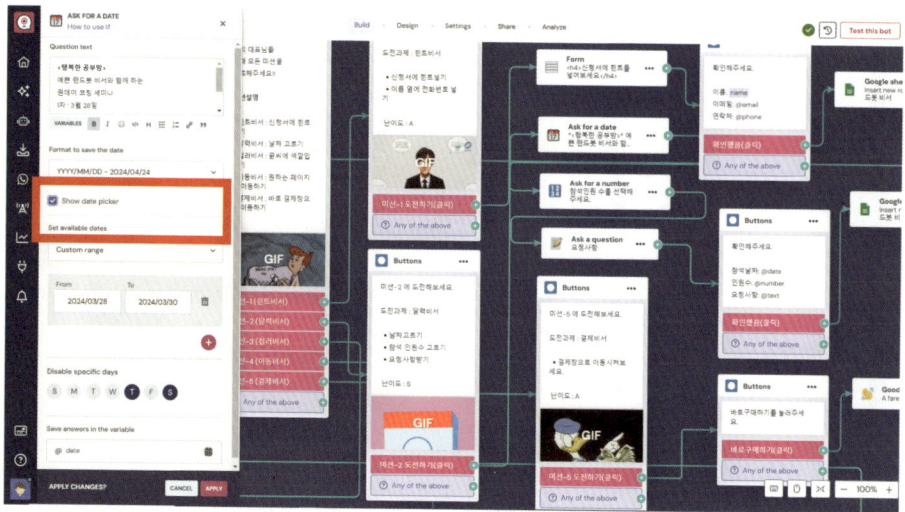

달력 표시 여부를 정할 수 있습니다.

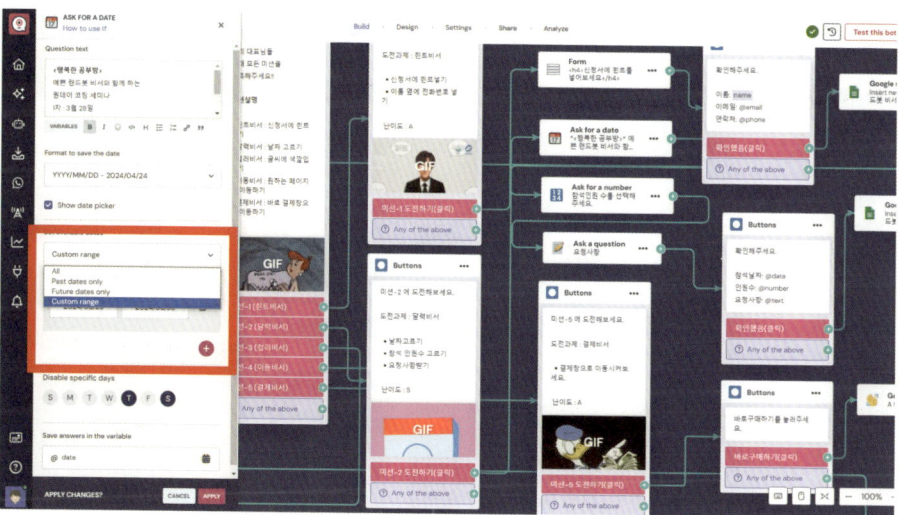

달력에서 고를 수 있는 날짜를 설정해줍니다.

가장 아래 변수를 '@date'로 설정합니다.

요일을 활성화/비활성화 시켜서 선택할 수 있는 날짜를 만들어줍니다.

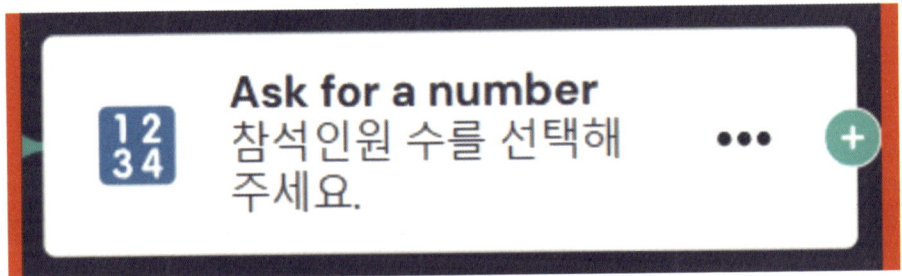

ask for a number로 참석 인원수를 받아보겠습니다.

질문을 적어줍니다. 참석 인원수를 선택할 수 있습니다.

입력할 수 있는 최소 숫자와 최대 숫자를 설정해줍니다.

선택한 인원수(숫자)를 '@number'로 설정합니다.

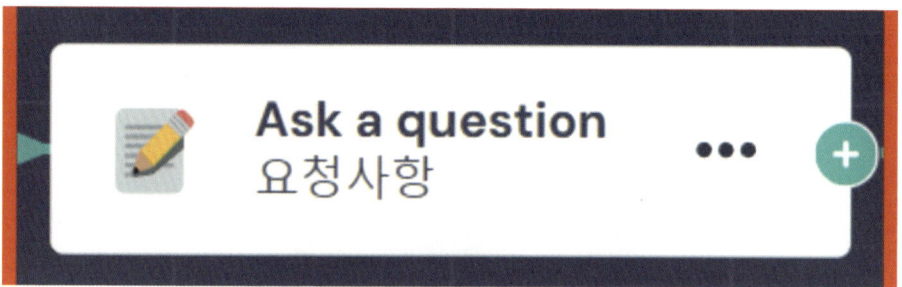

ask a question을 이용해서 요청사항을 받아보겠습니다.

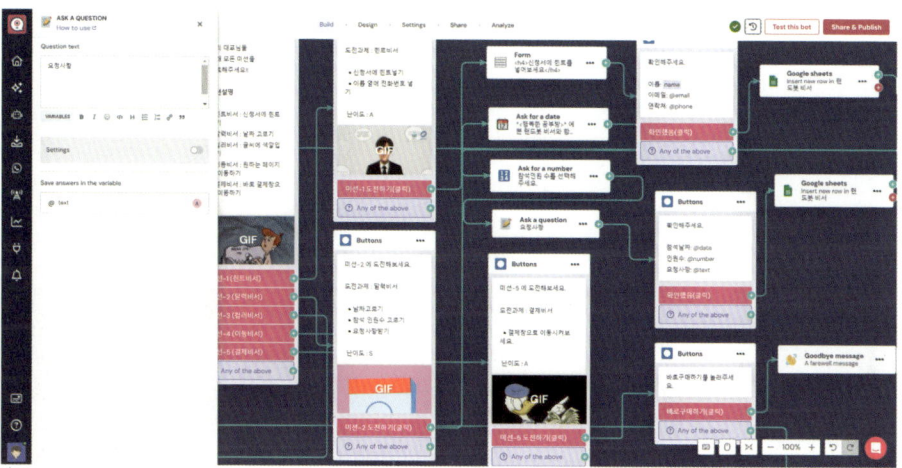

설명을 써줍니다.

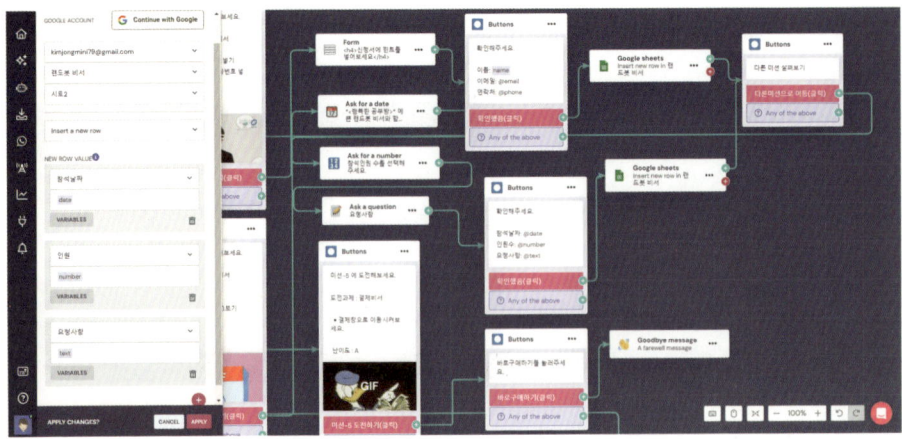

아래에 셋팅을 누릅니다. 칸의 크기를 설정할 수 있습니다.

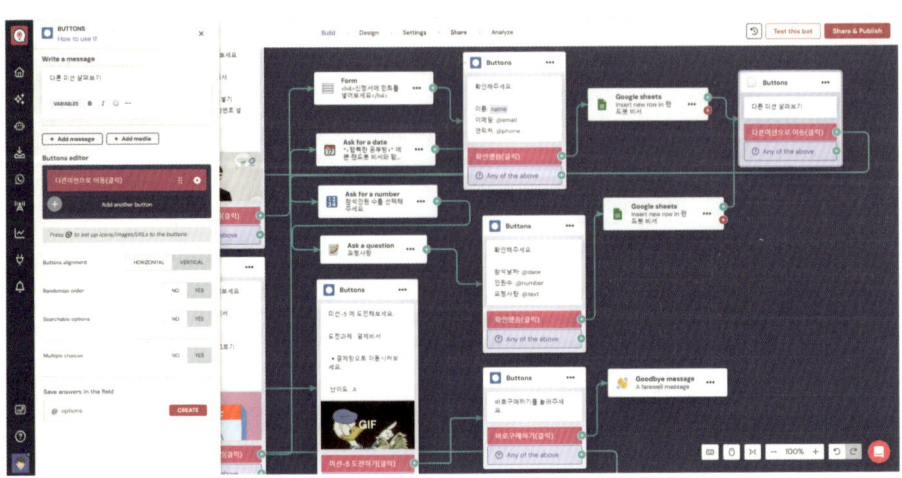

요청사항을 '@options'에 저장합니다.

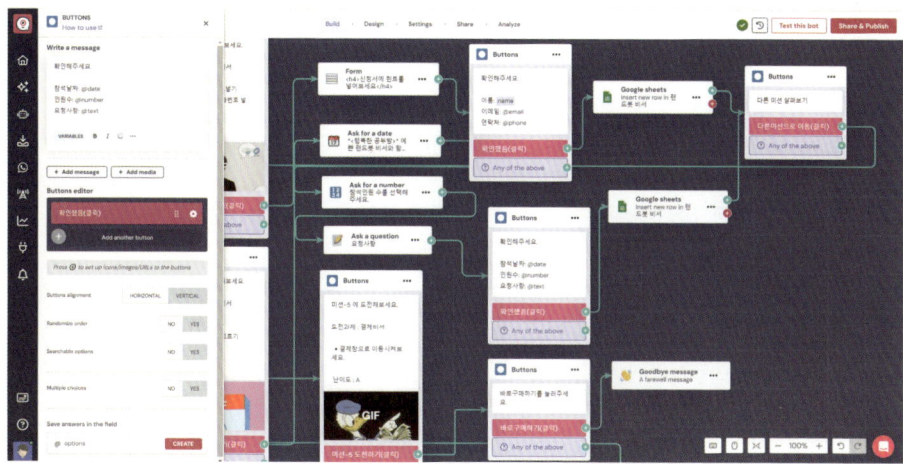

버튼을 통해 고객이 제대로 적었는지 확인하도록 합니다.

3-8 컬러비서

예쁜 비서의 글에 예쁜색을 입혀주세요!!

빨강색으로 글자쓰기

노랑색으로 글자쓰기

파랑색으로 글자쓰기

색깔별로 글씨가 나오게 해보세요.

이건 정말 어려워요.

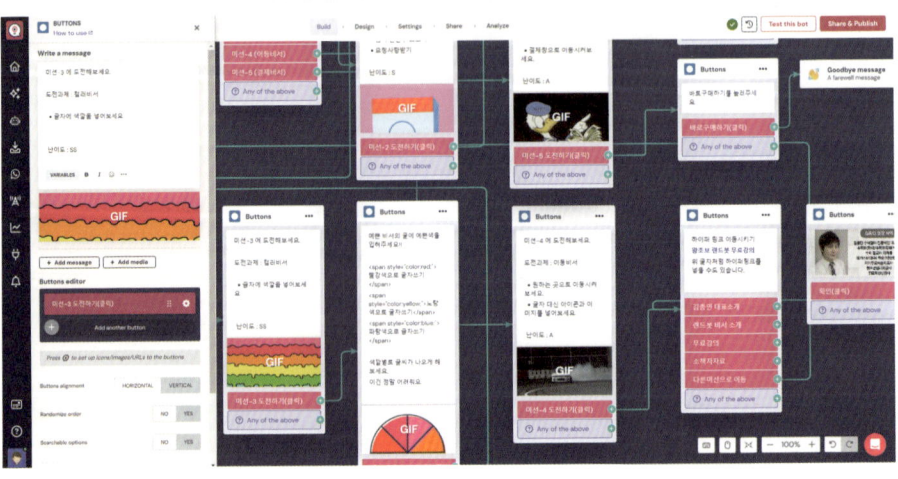

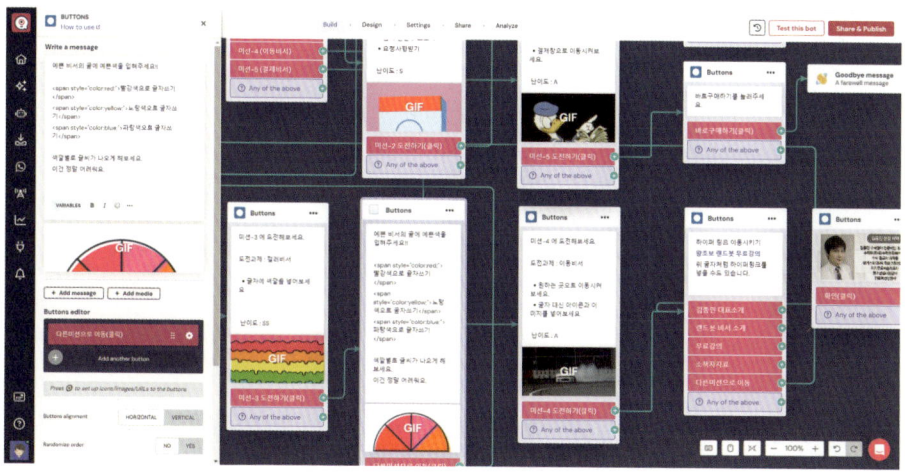

빨강색으로 글자쓰기

<span style="color:yellow;")>노랑색으로 글자쓰기

파랑색으로 글자쓰기

(span style="color:red;")

넣고 싶은 색깔을 가장 뒤쪽에 넣고.

마지막에는 으로 마무리합니다.

3-9　이동비서

　이동 비서는 내가 원하는 고객들을 구매 단계까지 자연스럽게 연결할 수 있습니다. 블로그 링크 등으로 이동시켜서 고객을 설득할 수 있으며, 자연스럽게 단톡방으로 유입시켜서 이탈율을 낮춰줍니다.

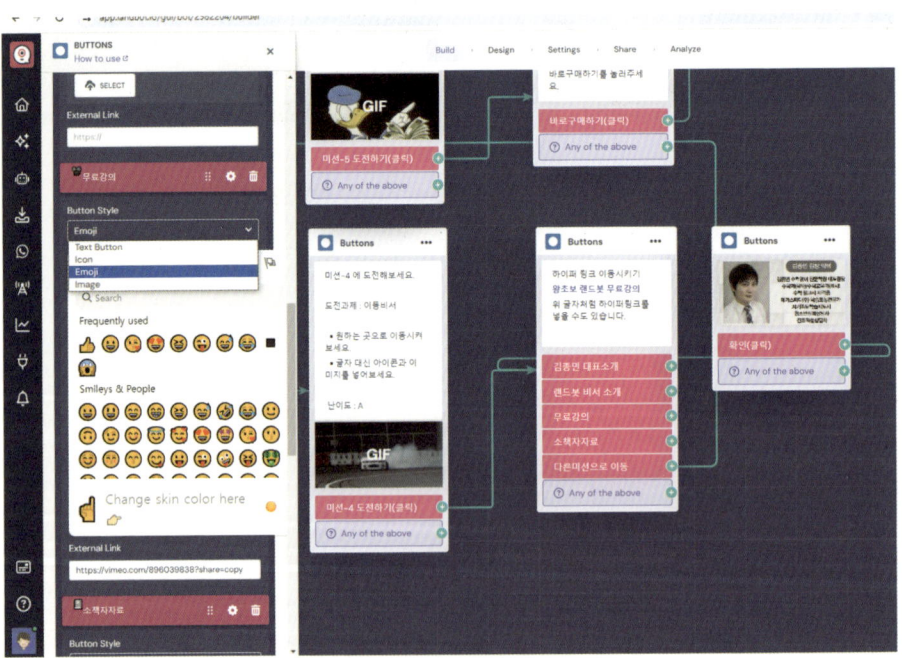

버튼을 누릅니다.

텍스트, 아이콘, 이모지, 이미지 등을 고를 수 있습니다.

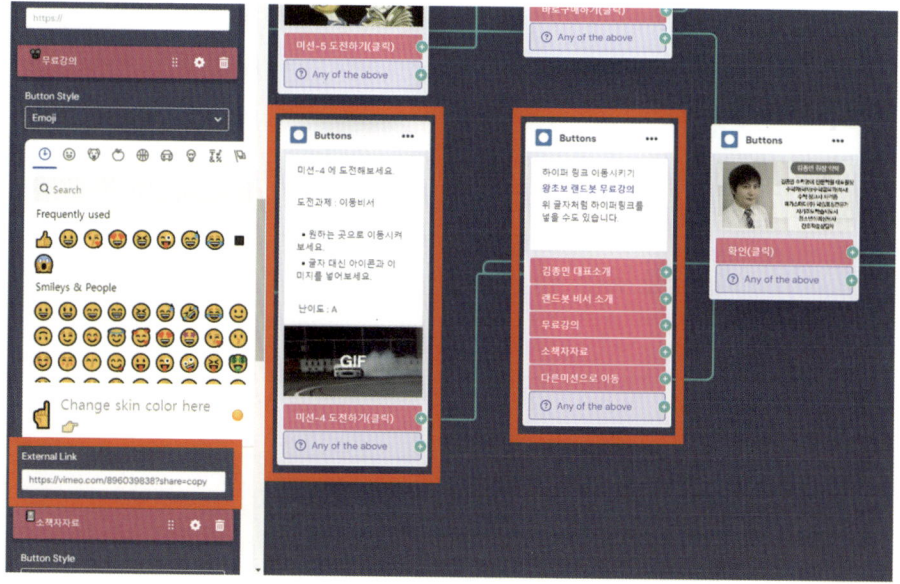

이동할 링크를 걸어두면, 그곳으로 이동되도록 할 수 있습니다.

제4장

랜드봇 고수에게 꼭 필요한 4가지

4-1 하이퍼링크 (글자에 링크 걸기)

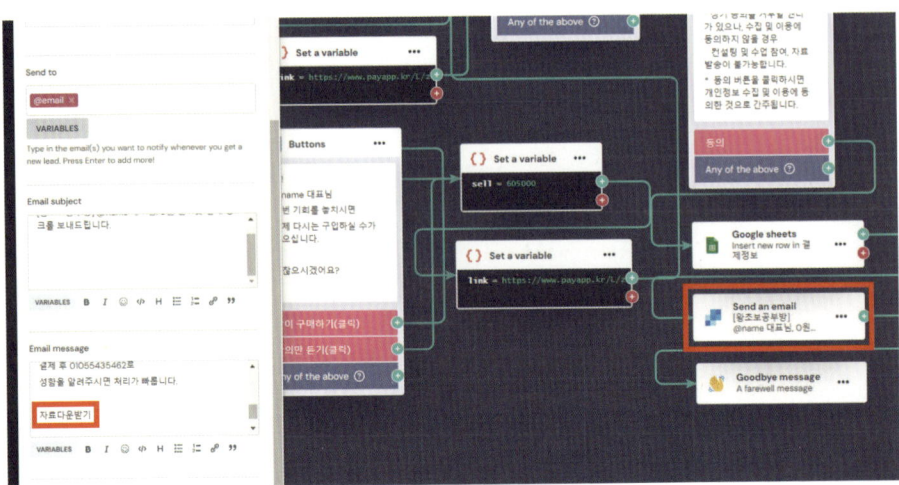

우선 글자를 써줍니다.

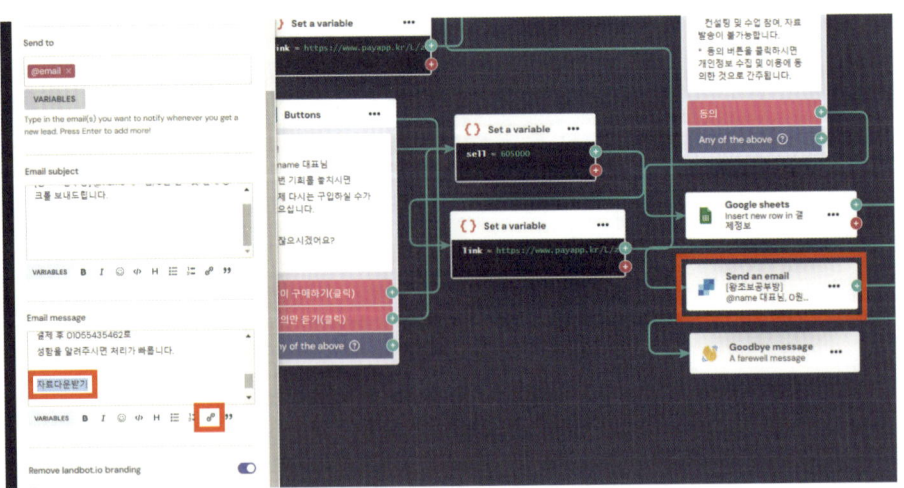

오른쪽 아래 '링크' 모양 아이콘을 클릭

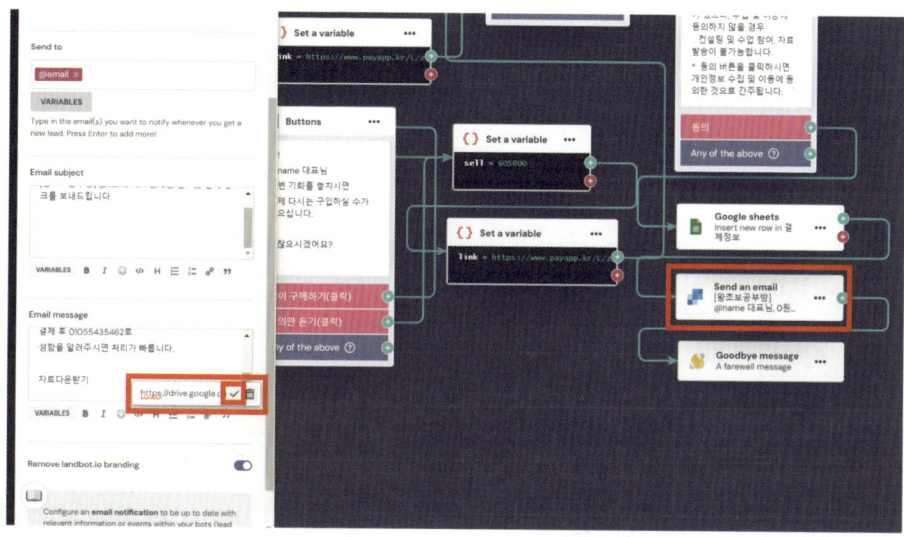

다운로드 링크 복사 → 붙여넣기

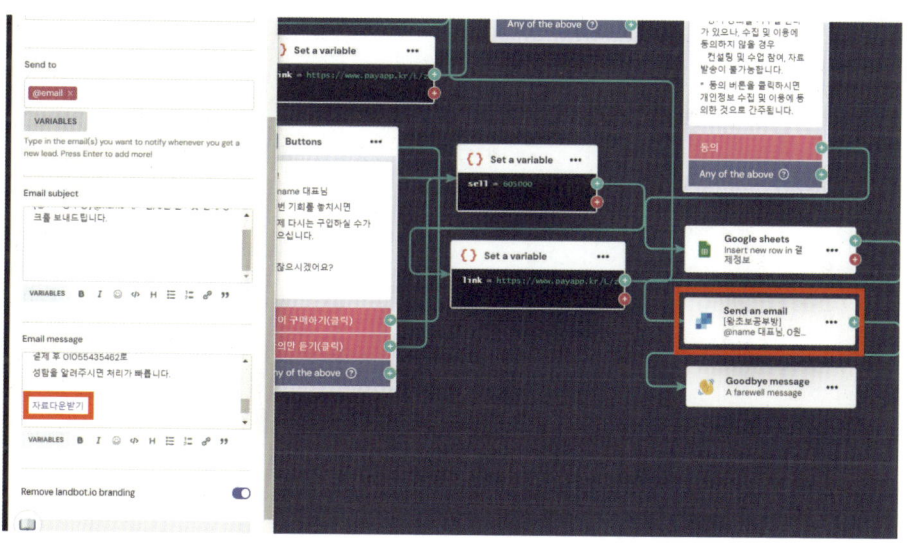

완료! 참 쉽죠?

131

4-2　랜드봇으로 홈페이지 만들기

실제로 저는 학원 홍보 및 세일즈에 랜드봇을 활용합니다.

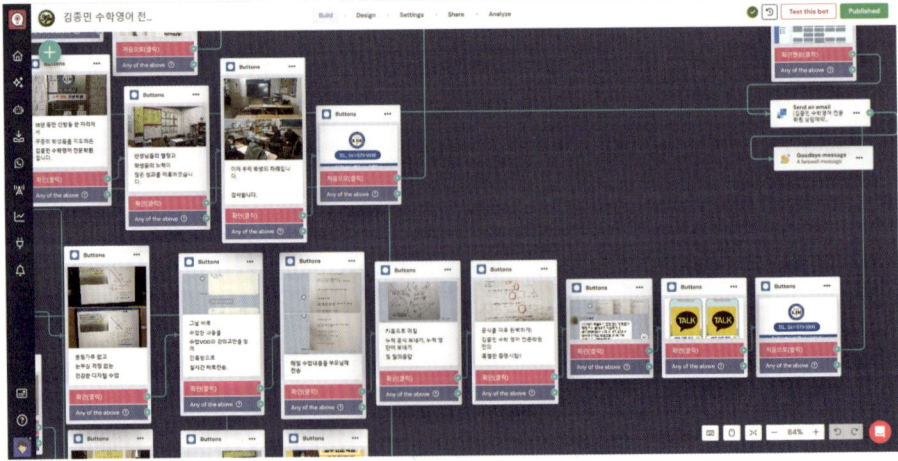

달력 만들기, 연락처 남기기, 질문 남기기, 메일 보내기, 소책자(선물) 보내기 등 홈페이지에 필수적인 내용을 랜드봇으로 만들 수 있습니다.

4-3   정보 활용 동의

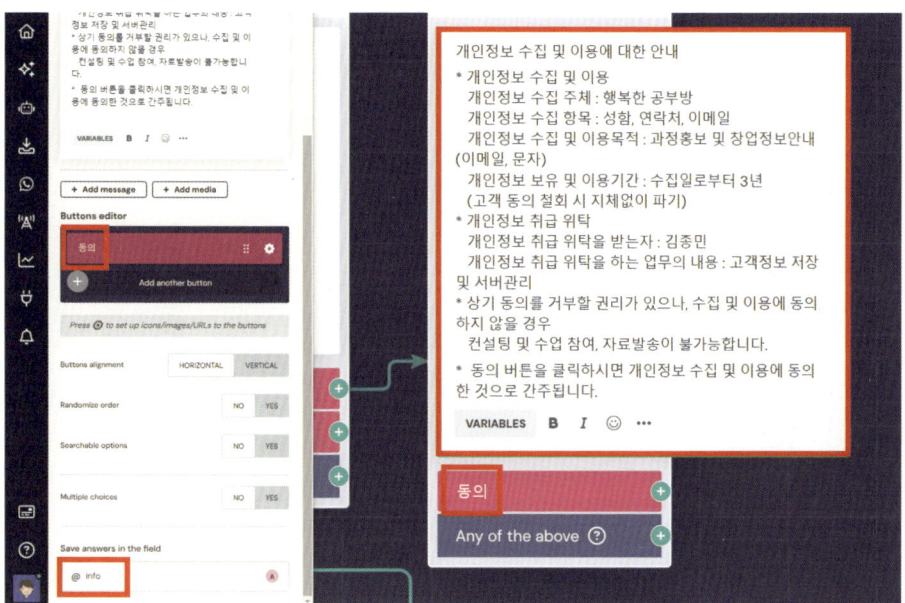

고객의 개인정보를 수집하기 위해서는 반드시 개인정보 활용 동의를 받아야 합니다.

변수를 만들어서 'info'로 정의합니다. 그리고 동의버튼을 만듭니다.

(책 표지에 있는 QR코드를 통해 정보 활용 동의 문구를 선물로 드립니다.)

4-4 랜드봇 해고하기

한국과는 해지하는 방법이 달라서, 많은 분들이 랜드봇 해지를 어려워하십니다. 하지만 숨 쉬는 것처럼 쉽습니다.

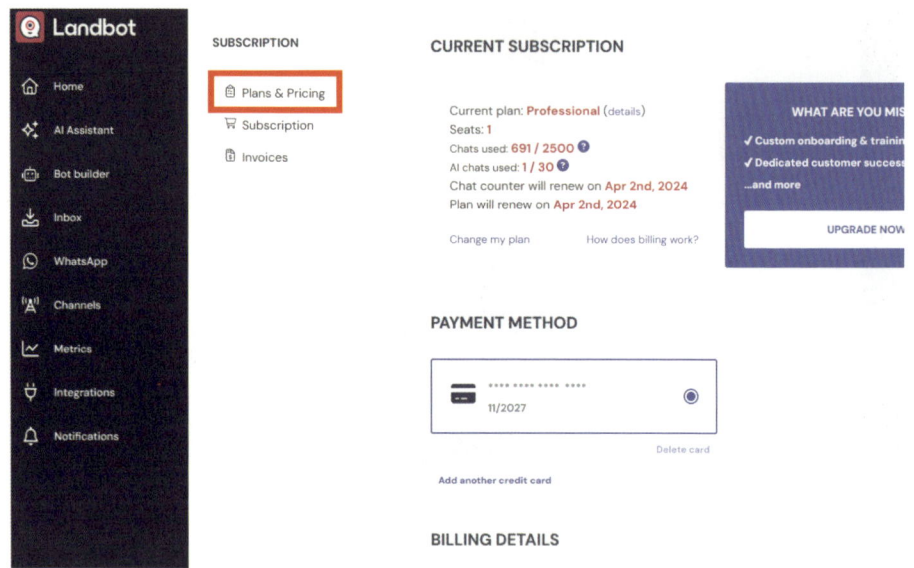

왼쪽 및 카드모양 (subscription) 클릭 후,

plans&pricing 클릭

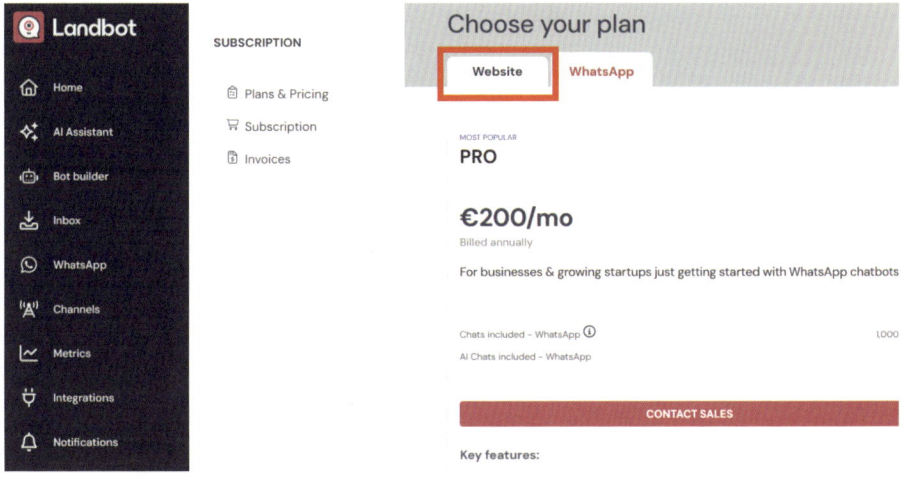

website를 클릭합니다.

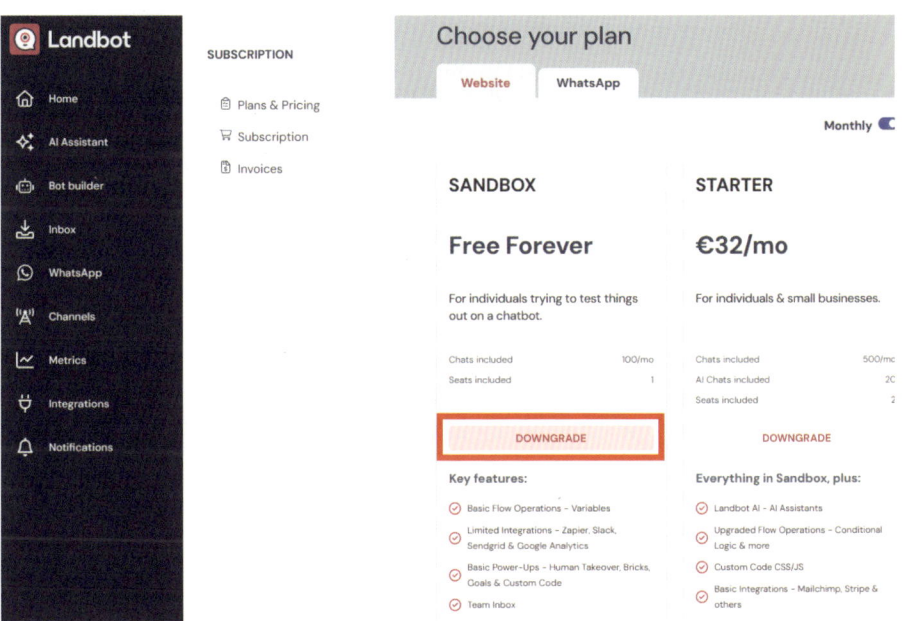

가장 왼쪽에 있는 sandbox에 downgrade를 누르면 무료 버전이 됩니다.

에필로그

"참 게임 같네."

랜드봇으로 현재는 거의 모든 일을 자동화하고 있다. 그러던 중에 위와 같은 생각이 들었다.

처음부터 내가 랜드봇을 잘 활용했던 것은 아니다. 안 그래도 바쁜데, 새롭게 무엇인가를 배운다는 것은 부담이었다. 하지만 자동화에 대해, 랜드봇에 대해 알면 알수록 반드시 배워야 할 것 같다는 생각이 들었다.

같은 강의를 몇 번씩 보면서 로직을 만들고, 분명 똑같이 했는데도 제대로 되지 않을 때는 정말 화가 나기도 했다. 그때 그런 생각을 했다.

"누가 랜드봇 관련된 책을 썼다면, 큰 도움이 되었을 텐데…."

이랬던 내가, 330만 원을 받고, 랜드봇 강의를 하고, 지금은 이 책을 집필하고 있다.

4명의 비서를 고용하려면 얼마의 비용이 들까? 최소 천만 원이 들어갈 것이다. 거기다 사무실 임대료까지 추가된다면 그 비용은 더욱 올라간다. 돈을 빨리 벌지 못하면, 그 사업은 유지할 수 없을 것이다.

실제로 많은 1인 기업가가 고정비용 때문에 망한다. 하지만 랜드봇이 있다면 1달에 12만 원으로 365일 24시간 일하는, 여러분의 비서를 4명이나 고용할 수 있다. 시급으로 따지면 겨우 몇백 원 수준이다. 랜드봇을 무조건 사용해야 하는 이유다.

나는 오늘도 책을 쓰고, 학원에서 강의하고, 밤에는 자동화 강의를 한다. 이렇게 바쁜 와중에도 랜드봇은 24시간 일하고 있다. 내가 점점 바빠지는 이유다.

주위에 다른 사람들은 바쁘기만 하고, 실속이 없다. 그 와중에 잡무도 해야 한다. 당연히 본연의 일에 집중할 수 없다. 그리고 결국 그 사업은 잘 굴러가지 않게 된다. 차이가 무엇일까? 바로 자동화다. 그리고 랜드봇이다.

모든 게임에는 공략이 있다. 누군가가 친절하게 알려는 조언대로 하면, 쉽고 빠르게 게임을 공략할 수 있다.

랜드봇도 마찬가지다. 그래서 반드시 배워야 한다. 그런 마음을 담아서 나는 이 책을 썼다.

아마 여러분이 나에게 개인 컨설팅을 신청해서, 내가 랜드봇을 알려준다면, 이 책의 내용과 크게 다르지 않을 것이다.

이 책을 여기까지 읽었다면, 여러분은 이미 랜드봇 로직에 대한 모든 지식과 기술을 이미 가졌다. 이제는 여러분의 사업에 적용하기만 한다. 그리고 아마 그 결과에 놀랄 것이다.

여러분은 내가 꽤 많은 시간과 돈을 들여서 배운 것을 지금 막 배웠다. 하지만 하나도 아깝지 않다. 이 책을 읽어줘서, 또 이 책이 여러분의 사업이 조금이라도 도움이 되었으면 하는 생각에 오히려 기쁘다.

다시 한번 말하지만, 랜드봇은 나에게 게임과 같았다. 내가 원하는 대로 만들 수 있었고, 그 결과는 항상 상상 이상이었다. 여러분에게도 똑같은 일이 일어날 것을 상상하니 즐겁다.

당신이 잘 되기를 진심으로 기원한다.

Special Thanks

존경하는 양가 부모님

사랑하는 나의 아내 남유리씨

사랑하는 딸 김채령

사랑하는 아들 김태경

친구같은 동생 김종훈 작가

백의천사 제수씨

사랑스러운 조카 김은유

이 책을 세상 밖으로 이끌어 주신 황준연 작가님

모두 감사합니다.